CHRISTOPHE

La
Famille Fenouillard

La gravité est un mystère du corps inventé pour cacher les défauts de l'esprit.

(La Rochefoucauld.)

Rit-on des choses spirituelles comme des grosses bêtises que dicte une folle gaîté? C'est douteux. Esprit sur esprit, ça fatigue; bêtise sur bêtise, ça désopile.

(Töpffer.)

Armand Colin & Cie, Éditeurs
5, rue de Mézières, Paris

La Famille Fenouillard

CHRISTOPHE

La Famille Fenouillard

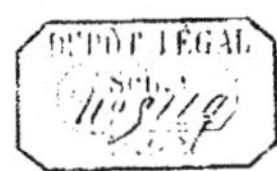

La gravité est un mystère du corps inventé pour cacher les défauts de l'esprit.

(La Rochefoucauld.)

Rit-on des choses spirituelles comme des grosses bêtises que dicte une folle gaîté? C'est douteux. Esprit sur esprit, ça fatigue; bêtise sur bêtise, ça désopile.

(Töpffer.)

Armand Colin & Cie, Éditeurs

5, rue de Mézières, Paris

La

Famille Fenouillard

Histoire aussi véridique que vraisemblable des voyages de la Famille Fenouillard, où l'on verra comme quoi, à la suite de plusieurs crises gouvernementales et intestines, M. Fenouillard perdit successivement de nombreux chapeaux, mais conserva son parapluie. — Ouvrage destiné à donner à la jeunesse française le goût des voyages.

Prologue

Les Débuts d'Artémise et de Cunégonde.

Les Fenouillard, bonnetiers de père en fils, à l'enseigne d'*Autant ici qu'ailleurs*, faisaient à Saint-Remy-sur-Deule (Somme-Inférieure), depuis les temps préhistoriques, le commerce des bonnets imperméables et des bas antinévralgiques (articles spéciaux pour célibataires des deux sexes).

Le dernier représentant de cette antique famille, M. Agénor, ayant épousé Mlle Léocadie, fille majeure de Jean Bonneau, les deux époux reçurent du ciel, comme fruits de leur union, deux filles qui, dès leur tendre jeunesse, montrèrent qu'elles étaient destinées à faire du bruit dans le monde.

L'aînée, Mlle Artémise, personne très indépendante, ayant méprisé les recommandations maternelles, tomba un jour par la fenêtre et décrivit une trajectoire parabolique d'un mouvement uniformément accéléré, selon la loi très connue de la chute des corps.

Encouragée par un si bel exemple, Cunégonde s'empressa, le même jour, de tomber dans un puits. On l'avait cependant bien prévenue : « Quand on se penche sur un puits, lui répétait sans cesse M. Fenouillard, et qu'on perd l'équilibre, on tombe dedans. »

Heureusement pour Artémise, un fumier épais et moelleux se trouvait sous la fenêtre et quand sa famille éplorée accourut pour ramasser au moins ses morceaux, elle la trouva suçant son pouce avec une parfaite insouciance.

Quant à Cunégonde, arrêtée dans sa chute par un clou providentiel, elle attira l'un des seaux et se mit à barboter avec une satisfaction peu dissimulée. M. Fenouillard conclut de ces événements que ses filles avaient une âme fortement trempée.

Calme précurseur d'événements orageux.

C'est au milieu d'événements semblables que ces demoiselles grandirent en sagesse et en arts d'agrément, et régulièrement, chaque soir, M. Fenouillard, retiré des affaires, disait à ses demoiselles : « Allons, mes filles, un peu de musique! vous savez bien, cet air qui est si joli; ça va d'abord lentement, ta-ta-ta, et puis ensuite très vite, tra la la la ra zim boum! ».

Mesdemoiselles Artémise et Cunégonde, dressées comme on a déjà pu le constater, à la plus stricte obéissance, s'exécutaient et M. Fenouillard était réjoui en son cœur.

*Voir à l'*APPENDICE ET PIÈCES JUSTIFICATIVES *le grand air chanté par Mademoiselle Cunégonde.*

Premier départ.

Mais voilà qu'un soir, Mme Fenouillard se lève brusquement et s'écrie : « C'est pas tout ça ! mais nous devenons de vrais mollusques ! J'entends que, dès demain, nous partions en voyage ! » — « Oh ! veine ! » s'écrièrent ces demoiselles avec la correction de langage qui leur était habituelle.

Après discussion, on a décidé qu'on irait à Bruxelles pour voir le musée d'Anvers « qui est un revolver chargé au cœur de l'Angleterre, comme a dit Jules César ». On voit que M. Fenouillard aime à citer les mots célèbres. Cela frappe l'imagination, élève l'âme et réchauffe le cœur.

A la gare, M. Fenouillard s'adresse à un employé fort occu à ne rien faire. — « Pardon, monsieur, si je vous dérange, d il ; mais, serait-ce un effet de votre complaisance de m'indiqu le premier train pour Bruxelles? » — « Voyez l'affiche », répo ce fonctionnaire avec le laconisme poli qui caractérise les e ployés de chemins de fer.

Or, je ne sais si vous avez remarqué que, dans les gares, les affiches dont on a besoin sont imprimées en tout petits caractères et placées très haut. M. Fenouillard déplore cet état de choses ; sa famille aussi.

Mais M. Fenouillard est un homme astucieux. Il a découvert, sous la forme d'une chaise, la solution du problème. — « Prends bien garde, Agénor, s'écrie Mme Fenouillard inquiète, si tu tombais, tu abîmerais ta redingote neuve. »

Les dimensions du dessin précédent nous ayant forcé de cou per en deux M. Fenouillard, cette figure est simplement destiné à montrer la suite de l'excellent négociant aux personnes d'un intelligence bornée et d'une imagination faible.

Faux départ.

Nous disions donc Bruxelles... ah ! voilà !.. Non ! c'est onesse... ah ! J'y suis... le premier train est à... Il était écrit ie M. Fenouillard ne devait pas connaître l'heure du premier ain pour Bruxelles, car le voilà qui s'écroule en poussant un ırlement de désespoir.

C'est un homme d'équipe qui, poussant une voiture chargée d'un panier de camemberts, a violemment déplacé le centre de gravité du système. M. Fenouillard disparait dans les fromages. « Gare ! » crie alors l'homme d'équipe. Ces subalternes sont, comme on le voit, pleins de prévenances et d'attentions.

M. Fenouillard n'est pas content. Cela se comprend, mettez-vous à sa place ! Aussi, saisit-il un fromage et, prenant l'attitude du discobole antique, lance d'une main sûre à l'homme d'équipe un camembert vengeur ! M. Fenouillard, ironique, se propose de crier « gare » dès que cela ne sera plus nécessaire.

Malheureusement pour madame Fenouillard, l'homme d'équipe s'est baissé à temps. Que l'on se rassure ! Le panier de mages arrivera à destination et si le destinataire réclame, la mpagnie lui répondra qu'il n'avait qu'à faire mieux emballer camemberts et qu'elle n'est pas responsable.

M. et madame Fenouillard ayant besoin de changer de vêtements, regagnent leur logis. Madame Fenouillard se répandrait bien en plaintes amères ; mais ayant la bouche pleine de fromage, elle se contente de garder un calme digne et solennel. Ces demoiselles gémissent avec une touchante unanimité.

Le soir, madame Fenouillard ayant fini d'avaler son fromage, peut enfin émettre quelques sons et elle déclare à son époux que dorénavant elle ne l'écoutera plus, quand, sous prétexte de voyage, il voudra l'arracher à son foyer. Ainsi finit le premier voyage de l'intéressante famille.

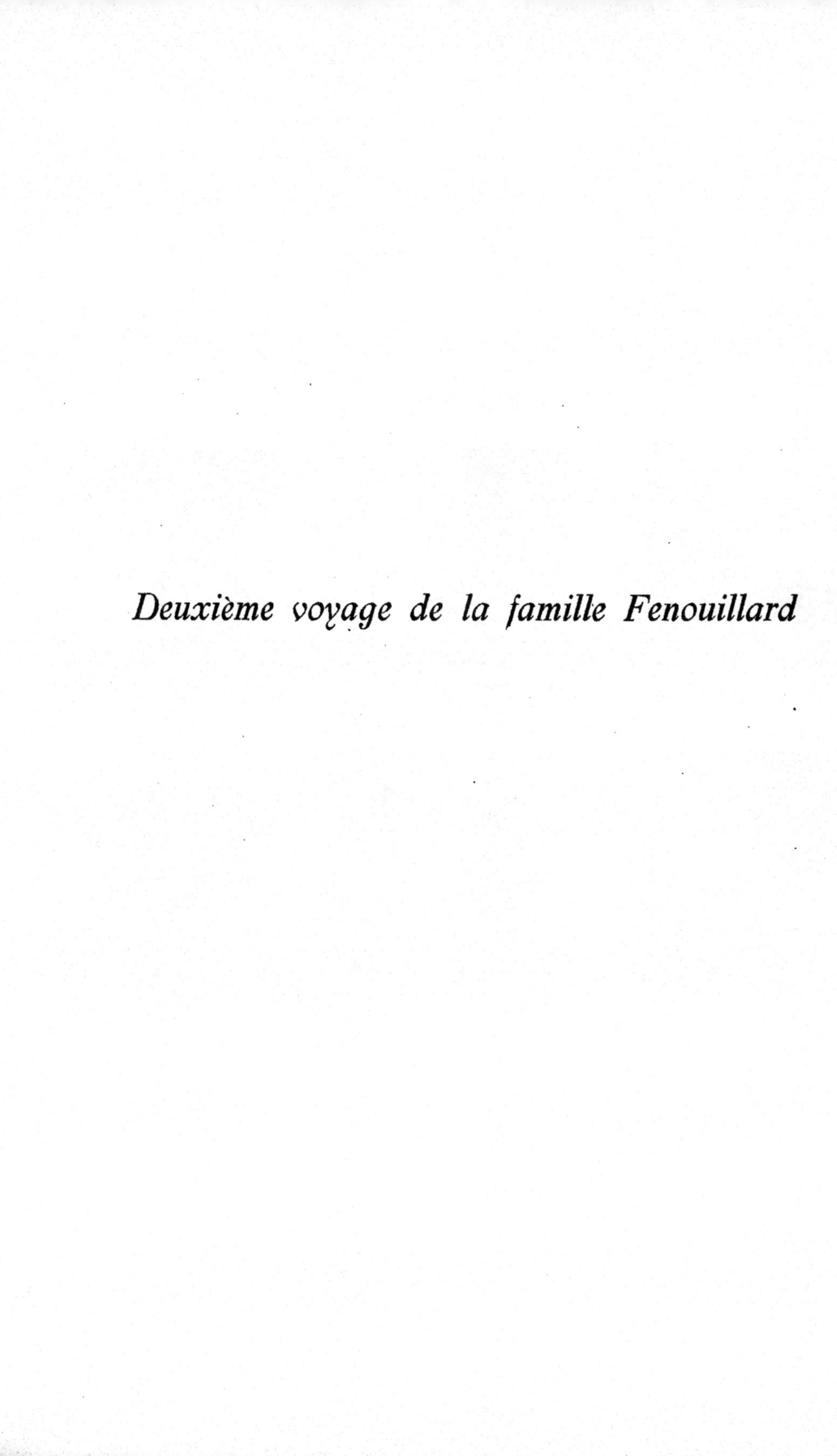

Deuxième voyage de la famille Fenouillard

Il ne faut pas dire : « fontaine... »

Mais il ne faut jamais dire : « fontaine, je ne boirai pas de n eau ». Car M. Fenouillard, exaspéré par les compliments oniques et les allusions fines de son ami Follichon, prend la solution et l'engagement de faire à Paris un voyage sérieux.

Au fond, Madame Fenouillard est ravie d'aller voir Paris, aussi n'a-t-elle fait quelques objections que pour la forme. Sauf la chute d'un ballot sur la tête de M. Fenouillard, la première partie du voyage se passe sans incidents.

A partir d'Amiens, la famille commence à interroger l'horizon dans l'espoir d'y découvrir la tour Eiffel. « Ce monument qui, selon la belle expression de M. Fenouillard, est une couronne de gloire plantée comme un défi à la face des nations! »

Mais bientôt, fatiguée de ne pas découvrir la tour Eiffel, la ille se livre à une douce somnolence, lorsque le train s'arrête quement. En vertu de la vitesse acquise, les Fenouillard, sformés en projectiles, sont précipités sur leurs voisins d'en avec une force égale à leur masse multipliée par le carré de vitesse! Ainsi l'exigent les lois de la balistique.

L'ordre se rétablit ; tout le monde descend : un accident est arrivé à la machine. Nos voyageurs profitent de cet arrêt forcé pour faire un déjeuner champêtre. Ces demoiselles ensemble : « Vite, papa, j'ai l'estomac dans les bottes ! » Madame Fenouillard indignée : « Quelle expression, mesdemoiselles ! » M. Fenouillard avec indulgence : « Laisse donc, bobonne, à la campagne !... »

Les émotions et la digestion invitent la famille à faire la sieste. Un strident coup de sifflet réveille les dormeurs. O sort cruel ! C'est le train qui file ! Si le lecteur était de l'autre côté, il pourrait constater ce fait d'une haute portée scientifique, que le même phénomène fortuit et inattendu, peut produire sur des physionomies différentes la même expression de désappointement.

Premier exploit du parapluie rouge.

Le train est parti ; mais en revanche, la pluie arrive. Madame Fenouillard n'est pas contente. Quant à ces demoiselles, elles déploient toutes les ressources d'une imagination fertile en expédients, pendant que M. Fenouillard en fait autant d'un vaste parapluie rouge.

Formée en carré, comme la vieille garde à Waterloo, la famille chemine mélancoliquement. Le mécanicien d'un train qui arrive, apercevant un signal rouge sur la voie, se précipite sur le frein, tout en se noyant dans les hypothèses, tandis que le chauffeur s'abîme dans les conjectures.

Le train s'est arrêté. — Mossieu ! crie le chef de train, pour quoi déployez-vous des signaux d'arrêt ? — Mossieu, j'ai bien le droit d'ouvrir mon parapluie. — Non, mossieu ! — Si, mossieu. — Alors faites-le teindre autrement qu'en rouge. — Plus souvent ! Le parapluie d'honneur de mon bisaïeul ! Vous insultez mes ancêtres, mossieu !

Les Fenouillard ont profité de l'arrêt du train pour y monter et comme ils ont des loisirs, ils reprennent leur occupation qui est d'explorer attentivement les nuages dans le but d'y découvrir la tour Eiffel.

Il en résulte qu'à Paris, la famille n'a pas découvert la tour, mais a récolté un violent torticolis. Quand on n'a pas ce qu'on désire, il faut se contenter de ce qu'on a (1er aphorisme de M. Fenouillard).

Décidé à faire des folies, M. Fenouillard hèle un fiacre. — J'ai pas le temps, *bourgeois*, j'vas remiser. — M. Fenouillard n'insiste pas. Et après plusieurs tentatives infructueuses, il formule cette opinion que la plus grande occupation des cochers de fiacre, à Paris, semble être d'aller remiser.

Voyage par terre et par air.

Après cette première tentative infructueuse, nos amis essayent d'un nouveau moyen de locomotion. Mais cette seconde tentative est aussi infructueuse que la première. — Mes filles, dit M. Fenouillard, ces véhicules se nomment *omnibus*, parce que peu de personnes peuvent en profiter. — Ces demoiselles ne comprennent pas cette judicieuse et philosophique réflexion.

Enfin, nos voyageurs réussissent à trouver place dans une voiture de touristes. — Plus on est de fous, plus on rit, a dit M. Fenouillard. Mais madame Fenouillard pousse l'irrévérence pour la sagesse des nations jusqu'à affirmer que plus on est de fous plus on est serré. C'est là que madame Fenouillard sentit percer la dent qu'elle devait conserver toute sa vie contre la « perfide Albion ».

On s'arrête au Louvre. Le cicerone entreprend de décrire les beautés du monument. Il s'adresse plus spécialement à M. et madame Fenouillard dont il a distingué l'air intelligent. Au bout d'une heure et quart, M. Fenouillard remarque que le cicerone parlant anglais, c'est probablement à cette circonstance particulière qu'il doit de ne pas comprendre un traître mot de ses explications.

Aussi, nos touristes entreprennent-ils de se tirer d'affaire tout seuls. On monte sur l'Arc de Triomphe. M. Fenouillard jette sur l'horizon un circulaire regard et découvre la colline de Montmartre, pendant que ces dames prises de vertige, refusent énergiquement de partager l'enthousiasme de leur seigneur et maître.

« Que c'est beau ! dit M. Fenouillard, on voudrait planer au-dessus de ces merveilles ! » Juste à ce moment passe un ballon dont l'ancre pêche M. Fenouillard comme un simple goujon. Les idées de M. Fenouillard se modifient instantanément : il préférerait maintenant ne pas planer. Il y a des gens qui ne sont jamais contents.

Cette figure est destinée à montrer jusqu'où les Fenouillard poussent l'esprit de corps. Elle a en même temps pour but de transmettre à la postérité la plus reculée, un touchant exemple de solidarité. Madame Fenouillard surveille de près l'appareil de suspension de sa famille, et frémit en songeant à la fragilité des fonds de culotte, en général.

Conséquences.

Comme toujours, les Fenouillard sont supérieurs aux événements. Mais un passant ayant aperçu en l'air quelque chose d'insolite...

s'arrête. Aussitôt deux passants en font autant; puis trois, puis quatre, puis vingt-cinq qui s'empressent d'examiner la chose insolite.

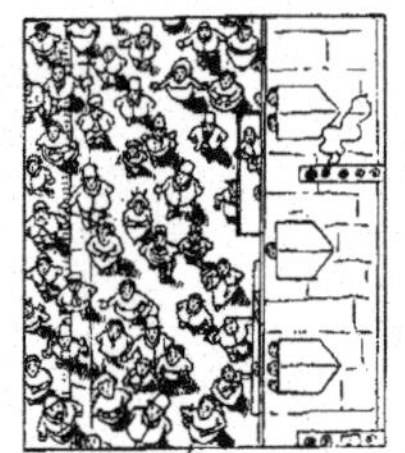

Puis une multitude qui persiste à regarder en l'air longtemps après que la chose insolite a disparu.

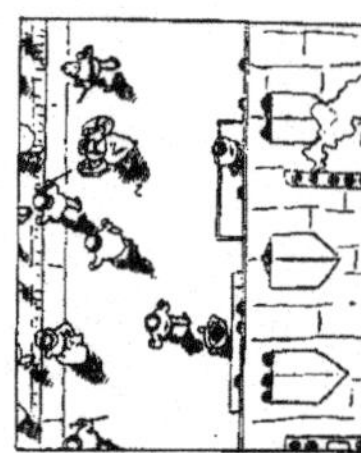

La multitude regarderait peut-être enc si deux chiens ne s'étaient pas pris de q relle dans le voisinage, la foule, aussitôt, va v les chiens se battre.

Cependant, les astronomes qui étaient en séance pour discuter la 72me décimale du logarithme Népérien de 0,000 000 042, apprenant qu'un météore inconnu a apparu dans le ciel, se mettent en mesure de faire quelques observations avec une vigueur et une précision toute mathématique.

S'appuyant ensuite sur le principe de causalité, ils établissent quelques syllogismes, afin d'échafander certaines hypothèses ingénieuses. L'un d'eux qualifie ce météore de « météore à queue ». Aussitôt ils entreprennent quelques calculs simples pour déterminer sa trajectoire probable.

Mais l'un d'eux étant venu leur annoncer que le météor perdu sa queue, ces messieurs sentent leurs cheveux se dre sur leurs crânes et se replongent dans de nouveaux calculs a simples que les précédents.

4

A la Bastille.

C'est qu'en effet les fonds de culotte ont une limite de résistance et celui de M. Fenouillard a atteint cette limite juste sur la galerie de la colonne de la Bastille. Heureux de se retrouver sur un terrain solide, M. Fenouillard admire la rapidité des communications modernes.

Le choc a été un peu rude. Encore sous le coup d'une émotion bien naturelle, nos aéronautes descendent de la colonne. Le gardien, à leur aspect, passe par toutes les phases de l'ahurissement, ne comprenant pas qu'on puisse descendre d'une colonne sans y être préalablement monté.

Tout le monde est d'avis qu'il est impossible de mieux voir Paris qu'on ne l'a fait et, pour regagner la gare, chacun se met à la recherche d'un véhicule qui n'aille pas remiser, M. Fenouillard, homme pudique, ayant déclaré qu'il serait peut-être convenable de dissimuler aux yeux de ses contemporains, la solution de continuité de son pantalon.

C'est ce qui fait que les recherches de chacun des membres de la famille ayant été couronnées de succès, quatre fiacres débouchent en même temps. Abondance de biens ne nuit pas... dit-on ; mais peut-être ce proverbe n'est-il pas applicable aux fiacres.

Car M. Fenouillard, en butte aux réclamations de quatre cochers, se voit sur le point d'être écartelé sous les yeux de sa famille saisie d'épouvante. Il échappe aux horreurs du supplice en payant les quatre voitures qui dételent; ce qui fait que nos amis regagnent la gare à pied.

— Tiens, Fenouillard ! Te voilà revenu ? — Oui. Je suis venu changer de pantalon, mais je vais repartir. — As-tu vu Paris, cette fois ? — Si je l'ai vu ! Comme tu ne l'as jamais vu comme tu ne le verras jamais. — Bah ! et comment cela ? — A vol d'oiseau, mon ami, à vol d'oiseau !

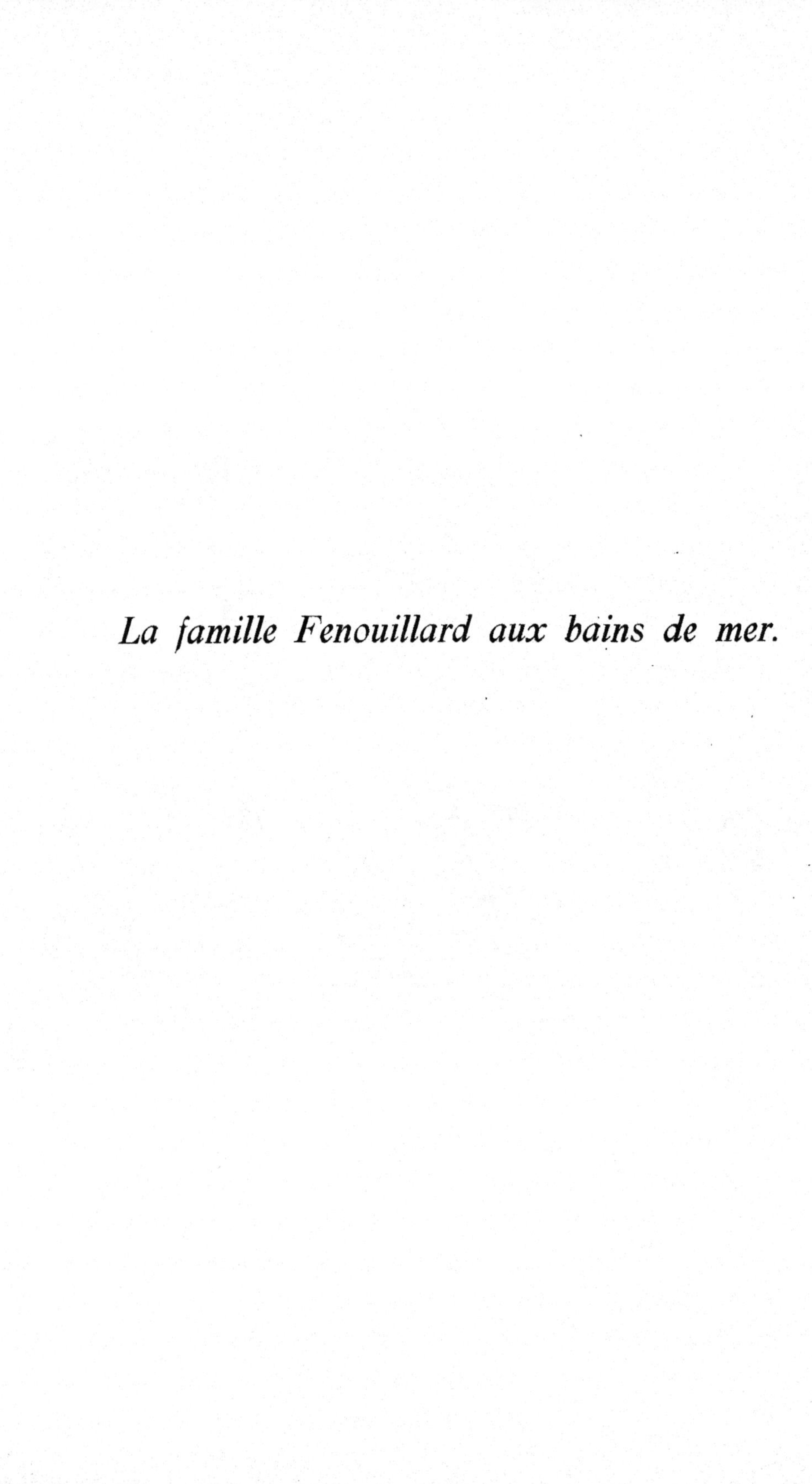

La famille Fenouillard aux bains de mer.

Une leçon d'art nautique.

ourquoi ces demoiselles esquissent-elles un pas gracieux ? t que chacune d'elles ayant eu un 8e accessit do récitation, eur père vient de leur promettre de les conduire aux bains mer « à Saint-Malo, patrie de Surcouf, de Duguay-Trouin et... et de Duguay-Trouin ».

Dès le jour même, on procède à la confection des malles avec un louable empressement. On vide les armoires avec enthou-siasme ; on remplit les coffres avec délire. — Artémise, n'oublie pas ta ceinture verte? — Non, maman. — Cunégonde, as-tu la lunette d'approche ? — Oui, papa.

A peine débarqué, M. Fenouillard entreprend l'éducation des siens : « Voyez-vous, à tribord, dit-il, un vaisseau sur lequel il y a trois grandes perches, c'est un trois-mâts. Celui-là, à bâbord, c'est un deux-mâts, parce qu'il n'a que deux perches ; quant à ce petit, là-bas, c'est un un-mât. »

rateur en était là de sa démonstration, lorsqu'une grue nante, employée à décharger le charbon du trois-mâts de ard » balaie la famille, lance madame et mesdemoiselles et projette monsieur Agénor par-dessus bord, dans port.

Du fond de son panier, madame Fenouillard a la vague intuition qu'elle n'est pas seule à avoir subi le choc, aussi crie-t-elle avec la dernière énergie à son noble époux. « Agénor ! Prends bien garde à ton chapeau neuf ! » — On lui donne un coup de fer, ma petite dame, répond un marin.

Madame Fenouillard constate qu'il est plus facile d'entrer dans un panier à charbon que d'en sortir. Aussi est-on obligé d'employer des moyens très énergiques pour opérer son extraction. Ces demoiselles suivent avec le plus vif intérêt les détails de l'opération.

Le gouvernement change de main.

Madame Fenouillard n'est pas pleinement satisfaite. Elle le manifeste hautement en invectivant cet excellent Fenouillard. Puis, elle se déclare en insurrection contre son seigneur et maître et se charge de diriger dorénavant les mouvements stratégiques de la famille.

Madame Fenouillard saisit aussitôt les rênes du gouvernement et, calme, digne, solennelle, prend la tête, suivie de ses deux demoiselles. Tel un consul romain suivi de ses licteurs. Monsieur voudrait bien aller changer de vêtements ; mais il n'ose en demander l'autorisation au consul !

A l'aspect de la mer, madame s'enthousiasme, ces demoiselle[s] aussi. « Que c'est beau ! dit-elle, l'immensité, c'est le commen[-]cement de l'infini ! » M. Fenouillard ose émettre timidement l'opi[-]nion que la mer est une grande nappe d'eau ; madame lui lanc[e] un regard courroucé. M. Fenouillard retire aussitôt son opinion[.]

« Tout le monde à l'eau, commande madame Fenouillard d'un ton qui n'admet pas de réplique. Monsieur obéit, tout en se disant à part lui, que, venant récemment de prendre un bain, il se dispenserait volontiers d'en prendre un second.

M. Fenouillard, homme prudent, trouvant que sa famille s'aventure trop loin, pousse l'audace jusqu'à en faire l'observation. Cette velléité d'indépendance lui attire un second regard courroucé de son épouse et l'injonction d'avoir à rejoindre son monde immédiatement sous peine d'être qualifié de poltron.

M. Fenouillard, qui a été caporal dans la garde nationale, ne connait que la discipline. Au moment où il s'apprête à obéir, une vague irrespectueuse le roule avec toute sa famille, et il disparait dans l'onde amère en articulant ces mots : « Honneur au courage malheureux ! »

Agénor a des réminiscences classiques.

Madame Fenouillard regagne sa cabine très mortifiée. Après oir longuement hésité, mais poussé par un très vif désir de habiliter sa direction, M. Fenouillard murmure un timide « je vais bien dit ! »

Madame Fenouillard bondit : « Môssieu, dit-elle, apprenez que vous n'avez qu'à vous taire. Vous avez abdiqué entre mes mains une royauté dont vous n'avez pas su faire usage. Abstenez-vous donc, à l'avenir, de toute réflexion. »

Cela dit, madame Fenouillard fait majestueusement demi-tour. Sa mauvaise humeur, qui va sans cesse en augmentant, se traduit par les oscillations inquiétantes de la cabine. Ces demoiselles n'y comprennent rien.

Patatras ! M. Fenouillard, toujours prudent, regarde de loin te masse remuante et se demande avec inquiétude si ce n'est là le monstre qui dévora Hippolyte. Il se rassure en remarnt que si son front large est armé de cornes menaçantes, sa upe ne se recourbe pas en replis tortueux.

On a extrait madame de sa prison. Intérieurement ravi des mésaventures de son irascible moitié, M. Fenouillard, muet comme un poisson, mais intérieurement ironique, prend extérieurement un air innocent et naïf. Madame Fenouillard est de plus en plus vexée.

A partir de ce jour, la famille étant devenue légendaire, ne peut plus sortir sans être escortée par la marmaille du pays Aussi, madame s'empresse-t-elle de quitter cette plage inhospitalière. M. Fenouillard proteste par sa soumission contre ce départ qu'il qualifie tout bas de précipité.

La famille Fenouillard au mont Saint-Michel.

M. Fenouillard tombe en déliquescence.

« Pontorson ! Mont Saint-Michel ! Cinq minutes d'arrêt ! » ...dame Fenouillard se précipite : « Allons, mesdemoiselles, du ...erf ! De la vigueur, M. Fenouillard ! Sinon nous allons man...er l'omnibus. » Et, ce disant, elle franchit d'un pas assuré ...tant que majestueux l'étroite barrière de la gare, tout en ...rasant un brin ce pauvre Fenouillard.

« M'enfermer là-dedans ? Jamais ! déclare madame Fenouillard, qu'on me suive à l'impériale ! » M. Fenouillard a ébauché une timide observation. Un coup d'œil sévère de son épouse lui a fermé la bouche. Cependant il affirme son indépendance en terminant intérieurement son observation et en aidant extérieurement à l'ascension de madame Fenouillard.

Au moment de mettre le pied sur l'impériale, madame Fenouillard adresse un « merci ! » bien senti au conducteur qui l'aide à se hisser. Celui-ci la lâche subitement, et, sort funeste ! elle tombe à la renverse sur le chapeau de ce brave Fenouillard, ce qui amortit la chute. Madame Fenouillard décide qu'on ira à pied.

« Monsieur, dit-elle à son époux, vous porterez les bagages ! » Au bout d'une demi-heure, M. Fenouillard trouve le soleil ..., la valise aussi. Tout à coup ces dames, qui ont pris les ..., se hèlent : « Ho, ha, hop ! M. Fenouillard ! Papa !... ...voit le mont Saint-Michel ! »

Cette nouvelle redonne un peu de courage à M. Fenouillard. — « Vous voyez, môssieu, lui dit son épouse, qu'avec un peu de patience vous n'auriez pas donné à vos filles le déplorable exemple de l'indiscipline et du découragement. Que cela vous serve de leçon, à l'avenir. »

Une demi-heure après, le mont Saint-Michel semble tout aussi éloigné. Nos voyageurs s'échelonnent par rang d'énergie ; en tête madame Fenouillard ; ces demoiselles viennent ensuite Quant à M. Fenouillard... il a disparu.

M. Fenouillard voyage dans l'idéal.

Effet produit sur madame et mesdemoiselles Fenouillard par une marche en plein soleil, à travers un paysage qui, s'il manque un peu de variété, est totalement dépourvu d'ombrages. Le thermomètre marquerait 40 degrés à l'ombre... s'il y en avait.

Un charretier conduisant à l'abbaye du mont Saint-Michel du bois de charpente pour la restauration du monument, cueille, les uns après les autres, les membres éclopés de la famille Fenouillard. Madame Fenouillard commence à regretter d'avoir pris les rênes du gouvernement.

Mais M. Fenouillard bercé, par les cahotements cadencés véhicule, s'est endormi d'un sommeil réparateur. Deux soli gaillards, soudoyés par madame Fenouillard, transportent bagages à l'hôtel, chez madame Poulard aîné (*A la renom des bonnes omelettes*).

M. Fenouillard est déposé sur un lit où il continue à dormir à poings fermés, tandis que sa noble famille essaye de se refaire en absorbant une omelette de 36 œufs; ce qui réjouit le cœur de madame Poulard aîné (*A la renommée des bonnes omelettes*) et lui inspire une profonde estime pour les capacités digestives des naturels de Saint-Remy-sur-Deule (Somme-Inférieure).

Ces dames, convenablement restaurées, entreprennent l'ascension de l'abbaye par le chemin des remparts. Ces demoiselles explorent les environs, cherchent Cancale du côté d'Avranches et prennent l'embouchure du Couesnon pour l'estuaire de la Seine.

Pendant ce temps M. Fenouillard, qui pense, avec Moutaig dont il n'a jamais entendu parler, « que la mollesse et l'incuri sité sont un doux oreiller pour une tête bien faite », contin son somme réparateur en prenant pour confident de ses rêves parapluie de ses ancêtres, le seul ami auquel il ose confier regrets ou ses espérances.

Incarcération de Madame Fenouillard.

'es dames visitent avec intérêt le promenoir des moines; elles templent avec émotion l'énorme roue que faisaient tourner prisonniers; elles considèrent avec stupeur la place qu'occu- jadis la cage de *fer* en *bois*, et sondent avec horreur les ibres profondeurs des *in-pace* !!!

Cependant M. Fenouillard fait des rêves guerriers sans se douter que mesdemoiselles Artémise et Cunégonde redescendent seules des hauteurs du mont Saint-Michel, ayant perdu madame leur mère que le gardien a enfermée par erreur dans l'un des cachots.

Mesdemoiselles Fenouillard refusent toute consolation et des ruisseaux de pleurs coulent de leurs yeux. La foule s'informe : — « Où est votre maman ? » — « Elle est perdue !! » — « Et votre papa ? » — « J' sais pas ! ». En chœur : « Hi ! hi, nous sommes deux pauvres orpheli..i..i... nes ! »

'ontinuant son voyage à travers l'idéal et complètement in- sible aux malheurs des siens, M. Fenouillard fait des rêves rrants qui expliquent pourquoi on finira par le découvrir s son lit.

Retrouvée le lendemain au fond de son cachot, madame Fenouillard inspire à ses deux « demoiselles » une admiration sans bornes, par l'énergie avec laquelle elle proteste contre son incarcération.

Rendue à sa famille, madame Fenouillard, saturée d'émotions, donne le signal du départ ; quant à son époux, il persiste à dormir d'un sommeil réparateur. C'est ainsi que M. Fenouillard visita le mont Saint-Michel.

La famille Fenouillard au Havre.

Nouvel exploit du parapluie des ancêtres.

M. Fenouillard s'est réveillé au Havre. A peine débarqué, il nte de ressaisir les rênes du gouvernement et, abordant un if. — Pardon, monsieur, si je vous dérange; mais vous avez ir d'être du pays et peut-être pourriez-vous me dire où il est ssible de voir de beaux vaisseaux. — Aoh ! Yes. Allez dans Angleterre.

C'est un peu loin, pense M. Fenouillard. « Eh! bien, bobonne, qu'en penses-tu ? — Jamais, mossieu, clame madame Fenouillard. Je ne veux rien avoir de commun avec la perfide Albion qui... dont... qui a brûlé Jeanne d'Arc sur le rocher de Sainte-Hélène. Ces demoiselles esquissent comme leur maman un geste d'amer dégoût.

Madame reprend les rênes et s'approchant d'un jeune Havrais, lui dit : « Jeune homme, vous qui avez l'air intelligent, indiquez-moi où sont les grands bateaux et quels sont les moyens de locomotion que votre édilité met à la disposition des voyageurs? — C'est-y les *trains-de-way* que vous voulez dire ? T'nez, v'la justement c'lui qui va aux Transatlantiques qui passe. »

Connaissez-vous les tramways du Havre et le sans-gêne anglais? Pour les tramways, tant qu'il y a de la place, on monte et quand il n'y en a plus, on monte encore. Pour le sans-gêne anglais, madame Fenouillard en fait à ses dépens la plus concluante expérience. L'œil de M. Fenouillard se courrouce.

— Monsieur, crie-t-il, je vous somme de vous lever.

— No ! Je étais pas arrivé à destination et je étais très bien, beaucoup!

Beau de colère, M. Fenouillard brandit le parapluie de ses ancêtres et le laisse retomber avec une mâle vigueur sur le fils d'Albion.

Celui-ci riposte avec énergie par un coup de la bonne fabrique. M. Fenouillard en voit plusieurs chandelles.

Puis les combattants, expulsés du tramway, continuent sur la voie publique à s'exprimer leur mécontentement respectif.

Suite du précédent.

Le parapluie des ancêtres a vaincu la boxe anglaise. Madame Fenouillard saute au cou de son époux, déclare qu'il est un vrai chevalier français et qu'il est digne de reprendre les rênes du gouvernement. Heureuses d'être les filles d'un preux des jours anciens, ces demoiselles gloussent d'attendrissement et piaillent d'orgueil.

Après les premiers épanchements, M. Fenouillard s'examine et se confirme dans cette idée que peut-être il serait bon qu'il s'achetât un complet pour remplacer ces loques que madame Fenouillard qualifie hardiment de glorieuses. Ces demoiselles proposent de les monter en oriflamme : « Ce sera le drapeau des Fenouillard ! » disent-elles.

La famille entre chez un marchand de confections. Le r chand fait endosser à M. Fenouillard quelques vieux rossig qu'il lui vante comme étant de la haute nouveauté. — Cel vient pas d'Angleterre ? au moins, interroge madame Fen lard qui voit grandir à vue d'œil la dent qu'elle a cont perfide Albion. — Oh ! fait le marchand avec horreur.

Au moment où M. Fenouillard achevait sa restauration, il croit apercevoir dans la rue, l'Anglais, cause de tous ses maux. Prenant son courage à deux mains, son parapluie de l'autre et ses jambes à son cou, M. Fenouillard s'élance, vole, se précipite dans la louable et légitime intention de lui faire payer ses habits neufs.

Mais le tailleur croyant avoir affaire à un escroc qui lui filoute son complet, s'élance à sa poursuite avec une ardeur qui n'a d'égale que celle que M. Fenouillard met à poursuivre son Anglais et, appelant la police à son aide, rejoint notre ami au moment précis où il empoigne un brave bourgeois inoffensif et solitaire qui ne comprend rien à cette subite agression.

La main de la justice s'abat sur ce pauvre Fenoui qui, malgré ses protestations et ses explications, est tr au poste sous la prévention d'escroquerie manifeste e tentative d'assassinat par strangulation sur la personne M. Polycarpe Collinet, agent d'assurances contre les accid de terrain.

Sur la paille humide des cachots.

Demeurée seule, madame Fenouillard reste plongée dans sombre abattement et un morne désespoir. Puis elle invoque ciel; passant ensuite de la résignation à la colère, elle sent rocher une crise qui éclate à l'aspect du sergent de ville.

Madame Fenouillard, arrêtée pour insulte aux agents et résistance à la force publique, est allée rejoindre son époux dans les sombres profondeurs du poste, et tous deux de compagnie gémissent sur la paille humide des cachots.

Cependant Artémise et Cunégonde, privées de leurs parents, trouvent le moment propice pour s'attendrir sur leur propre sort. — « Nous sommes deux pauv's orphelines! » s'écrient-elles et des larmes amères perlent sous leurs longs cils roux.

Puis, comme on ne peut pas indéfiniment pleurer, ces demoiles se font une raison; elles se consultent sur l'emploi de leur mps, et Artémise offre à Cunégonde ahurie de lui prouver la rité de cette parole d'un philosophe, qu' « au fond de tout l se trouve un bien ».

Cunégonde demande la démonstration de cette vérité. Artémise lui répond que rien n'est plus simple! c'est pourquoi toutes deux mettent à profit l'absence de leurs guides naturels pour s'offrir un balthazar intime. On affirme même qu'elles ont poussé le cynisme jusqu'à se commander un dîner spécial.

Mais, hélas! toute médaille a son revers. La nuit de ces demoiselles fut quelque peu agitée et troublée par d'atroces cauchemars. — C'est ainsi que la famille Fenouillard employa la première journée de son séjour au Havre, département de la Seine-Inférieure.

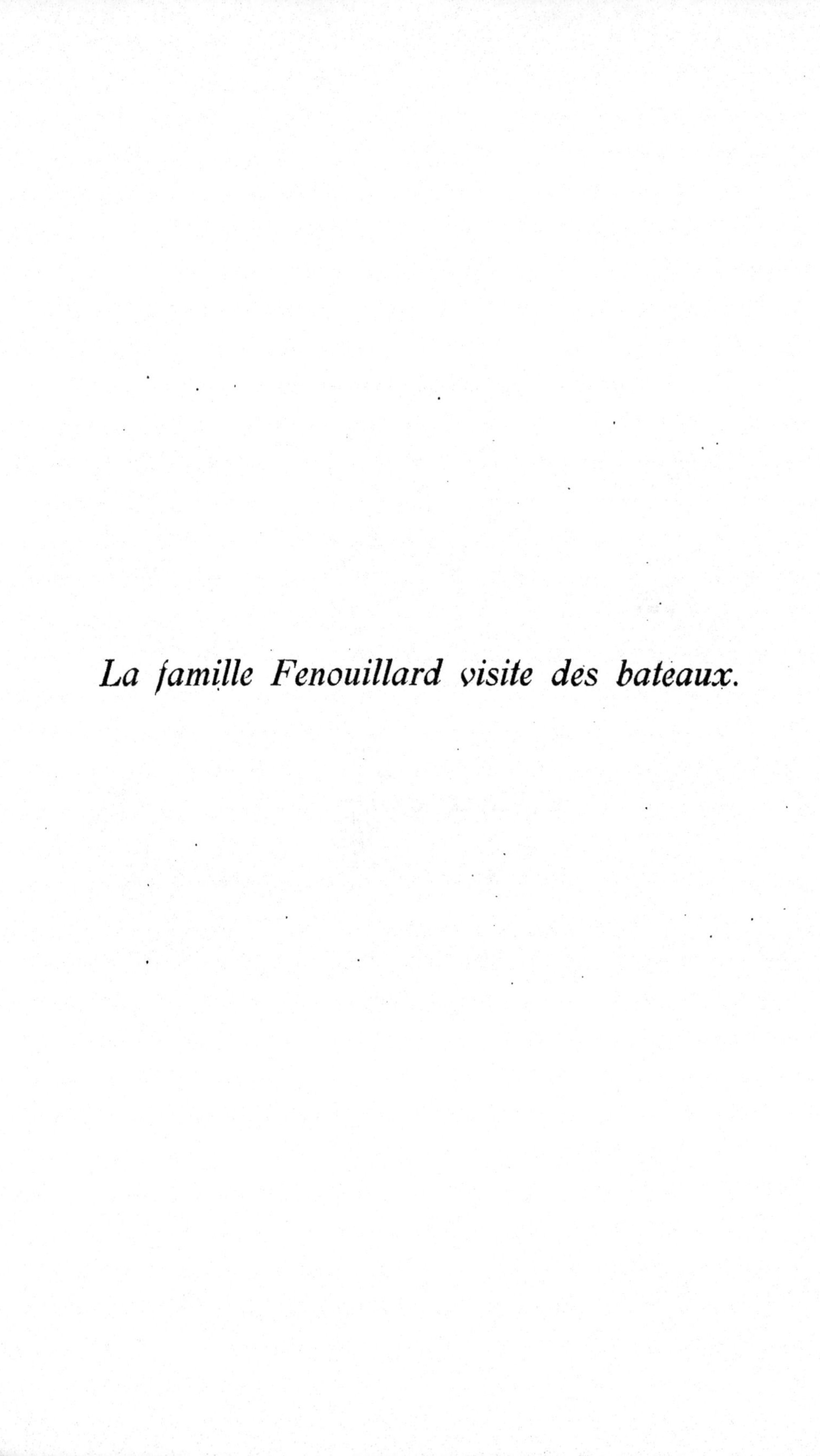

La famille Fenouillard visite des bateaux.

Où l'on se retrouve.

...ont donc mesdemoiselles Artémise et Cunégonde? Pour... leurs intelligentes figures expriment-elles un amer dégoût? ...quoi ces intéressantes personnes, d'ordinaire si gracieuses, ...lent-elles deux oies errant à l'aventure? C'est qu'elles ...vent encore quelques révoltes d'estomac. Mais le devoir ...pelle! et, surmontant les défaillances de la nature, elles ...au poste réclamer leur famille.

Le commissaire. — Monsieur! nous vous rendons à votre famille éplorée, mais tenez-vous prêt à répondre au premier appel... Quel exemple! monsieur, vous donnez à vos jeunes filles!

Madame Fenouillard (dans un coin). — Qu'est-ce que vous faites là, mes filles?

Ces demoiselles. — Rien, maman, nous sommes malades!

Madame Fenouillard. — Pauvres petites, c'est l'émotion.

Libre, M. Fenouillard, homme têtu, revient à sa première idée, qui est de visiter un transatlantique. Oui, mais le tout est d'y pénétrer: ce qui n'est pas très commode quand on est obligé de passer sur une planche étroite et oscillante. M. Fenouillard s'en est bien tiré. « J'ai le pied marin », dit-il. Quant à ces demoiselles, prises du vertige à moitié chemin, elles restent en panne et y seraient peut-être encore si l'on n'était venu à leur aide.

...ame Fenouillard, ayant déclaré que « ni pour or ni pour ... elle ne se résoudra à prendre un pareil chemin, bon tout ... pour des poules ou des chèvres », et M. Fenouillard ... dépensé inutilement sa salive et son éloquence pour lui ...odifier son opinion, on se voit contraint d'employer les ... perfectionnés de la mécanique moderne pour hisser à ... mère d'Artémise et de Cunégonde.

Madame Fenouillard commence à craindre que la mécanique moderne soit par trop perfectionnée; mais les marins savent manier les colis: le mouvement ascensionnel ayant pris fin, madame Fenouillard se sent entraînée dans le sens horizontal. Puis un mouvement de descente s'opère et la mère d'Artémise est mollement déposée aux pieds de Cunégonde. M. Fenouillard admire les ressources et le moelleux de la mécanique moderne.

Là-bas, dit M. Fenouillard, c'est le gaillard d'arrière, ici, le gaillard d'avant! Tiens! qu'est-ce que ce trou pratiqué dans le pont sur le gaillard du milieu?... Accourez, j'ai découvert la machine à vapeur... Mes filles, cette grosse barre de fer ça s'appelle la *bielle*. Cette grande roue s'appelle un *volant*. — Papa, est-ce qu'on ne peut pas voir de plus près? — Si fait! mes filles: qui m'aime me suive!

Un nouveau sport.

Qu'elle est grosse la bielle! elle est plus grosse que papa ! dit Artémise. — Peut-on dire ça! riposte Cunégonde. — Si, mademoiselle! — Non, mademoiselle. M. Fenouillard intervient. « Allons, mes filles ! dit-il; calmez-vous, je vais me mettre à cheval sur cette bielle immobile qui est la pomme de discorde. La comparaison sera plus facile. »

Tout à coup M. Fenouillard (qui a le pied marin) donne tous les signes d'une stupéfaction profonde compliquée d'une indicible terreur; il a senti un frémissement parcourir sa monture de fer. Quatre cris, que dis-je ? quatre rugissements déchirent l'air et traversent l'espace : la machine vient de se mettre en marche. Elle ne va, d'abord, qu'avec une majestueuse lenteur.

La vitesse augmente! M. Fenouillard se cramponne av l'énergie du désespoir. Ces demoiselles regardent avec stupen leur père monter et descendre. Madame Fenouillard cri « Agénor, enfonce bien ta casquette qu'elle ne tombe pas dans cambouis. » Sur sa bielle, M. Fenouillard émet cet aphorism qu'en toutes circonstances on reconnait les femmes économe

La vitesse s'accélère et M. Fenouillard se cramponne de plus belle. « Ne lâche pas, crie madame Fenouillard, ne lâche pas ton parapluie ! » Mais Agénor n'est pas trop à son aise, malgré cela il ne peut s'empêcher d'admirer la régularité des mouvements dans la mécanique moderne, tout en déplorant l'existence de la force centrifuge.

La vitesse continuant à s'accélérer, M. Fenouillard, qui a le pied marin, et qui ne sait pour combien de temps il est fixé à sa bielle, se compare mentalement à Ixion, et cherche à varier ses positions, dans l'intime conviction où il est que l'ennui naquit un jour de l'uniformité. Il est obligé de déployer toute son énergie pour lutter contre la force centrifuge.

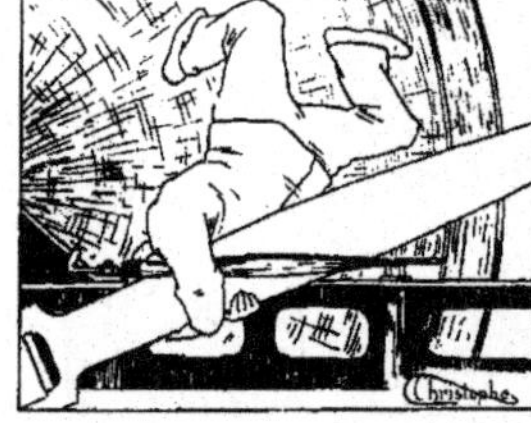

Malheureusement la vitesse devient énorme. La force cen trifuge déjoue toutes les combinaisons de M. Fenouillard q exécute des entrechats variés autant qu'involontaires. M. Fe nouillard ne peut s'empêcher de trouver absurde, qu'un êt intelligent soit le jouet d'une matière brutale. Il commence admirer moins la mécanique moderne.

L'obéissance passive est la base... du commandement.

À l'aspect de son époux emporté dans le vertigineux tour-[billon] de la bielle enragée, madame Fenouillard s'évanouit... Ces [demo]iselles aussi, dites-vous? Peut-être! Pour mon compte, je [cro]is qu'encore sous l'influence de leur petite fête de la veille [elle]s n'ont pas une sensation bien nette des choses, et qu'elles [ne s]ont peut-être pas fâchées de l'occasion qui se présente de [fair]e un léger somme.

Les marins sont extrêmement précieux; ils ont des recettes infaillibles pour toutes les circonstances de la vie. Ces demoiselles viennent d'en faire l'expérience: du coup, elles rentrent dans la réalité des choses. Quant à madame Fenouillard, elle se trouve comme par enchantement rendue au monde des vivants, mais aussi, hélas! aux craintes que lui inspire la situation critique du père de ses enfants.

« Mécanicien, au nom de ce que vous avez de plus cher, arrêtez la machine. — J'peux pas, y a pas force majeure. — Mais mon mari est plus que majeur. — Ah! ça, c'est une raison obtempérative. Eh! bien, allez dire ça au maître d'équipage... (aimablement) mais ne vous pressez pas, la p'tite dame, j'peux attendre! un corps étranger sur la bielle ça ne gêne pas le mécanisme. » Ces marins sont pleins de délicatesse!

Monsieur! on m'envoie vers vous, vous êtes notre seul espoir, [notr]e ange gardien, notre providence, sauvez mon mari! — [Où est-ce q]u'il est votre mari? — Sur la bielle de la machine à [vape]ur, monsieur! — Sur la bielle?.. Ah! drôle d'idée... et [qu'es]t-ce qu'il fait sur la bielle? — Il voudrait bien sortir. — [P]our lorasse! voyez l'officier de service. Ça doit être lui que [ça re]garde.

L'officier de service est un enseigne qui ne veut pas prendre sur lui d'arrêter la machine. Il va faire son rapport au lieutenant qui, après avoir un moment réfléchi, met sa responsabilité à couvert en informant le second, lequel enfin trouve le cas assez grave pour le soumettre au commandant, appelé à juger en dernier ressort.

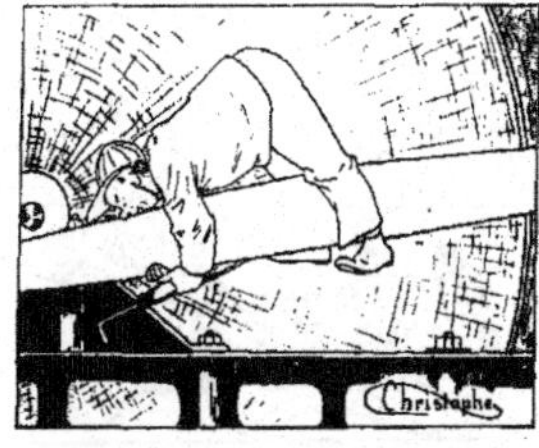

Cependant M. Fenouillard persiste à osciller avec une régularité digne d'éloges, ce qui ne l'empêche pas d'émettre, à part lui, quelques doutes sur l'opportunité de la force centrifuge et sur l'utilité des machines en général et des bielles en particulier. Il n'a plus qu'une admiration modérée pour la mécanique moderne.

En route pour l'Amérique.

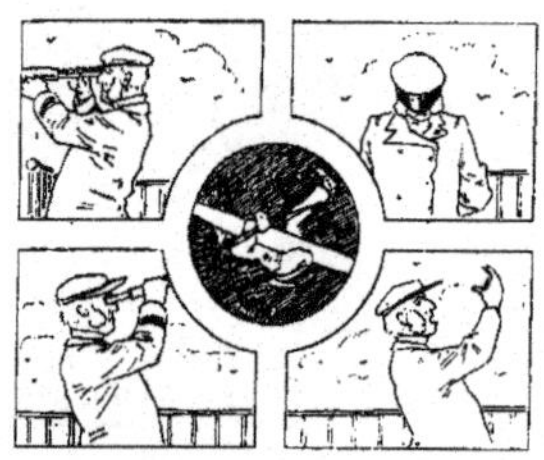

Le commandant ayant appris que la présence de ce corps étranger dans les rouages n'empêche pas le fonctionnement de la machine, trouve plus urgent, avant de se décider, d'interroger un scélérat de nuage noir qui se montre à l'horizon. Puis, rassuré sans doute, il hèle le second qui prend le frais à l'autre bout du bâtiment...

Et lui donne l'ordre de dégager Fenouillard. (Les marins sont pleins de prévenances et d'attentions.) L'ordre est transmis au lieutenant par le second, à l'enseigne de service par le lieutenant, au maître d'équipage par l'enseigne, et enfin par le maître d'équipage au mécanicien qui met fin aux exercices funambulesques du bon M. Fenouillard.

Délivré, M. Fenouillard est légèrement ahuri. Son intellige est couverte d'un voile et ses pensées sont quelque peu c fuses. Une seule chose surnage dans ce naufrage moment de sa raison : c'est un profond mépris pour tout ce qui, de l ou de près, touche à la mécanique moderne.

Madame Fenouillard donne à ses filles un touchant exem

Tout à coup, madame titube, monsieur roule (il a cependant le pied marin) et ces demoiselles s'étalent. Le sol semble se dérober sous leurs pieds. Monsieur crie, madame proteste, Artémise glousse, Cunégonde piaille, et tout le monde se pose mentalement cette question : aurions-nous trop bu ? Artémise et Cunégonde ne sont pas loin, pour leur part, d'y répondre par l'affirmative.

— Ah! mais! Ah! mais! dit M. Fenouillard exaspéré, assez d'oscillations comme ça ! je sors d'en prendre... Puis interpellant un matelot qui passe. — Nautonnier, s'écrie-t-il, pourquoi votre bateau danse-t-il de cette singulière façon ? — Dame ! parce qu'il arrive en pleine mer. — En pleine mer ? — Bé oui dà ! faut bien ; faut vous dire qu'on n'a encore trouvé que ce moyen-là pour aller en Amérique.

« En Amérique ! hurlent en cœur tous les Fenouillard. Amérique ! nous allons en Amérique ! Ce n'est pas Dieu pc sible ! — Bédame ! Si ! à moins qu'avant d'arriver, la coqui n'ait coulé à pic ! » Alors nos voyageurs malgré eux, de fortement secoués par tant d'émotions diverses, accablés par dernier coup du sort, s'évanouissent en s'écriant : « Christop Colomb, sois maudit ! »

Remède souverain contre le mal de mer.

Revenu de son évanouissement, M. Fenouillard (qui a le pied rin, mais pas l'estomac) éprouve de vagues inquiétudes. Sa nille aussi. La figure lamentable que font ces demoiselles, eille la compassion de l'équipage qui met à leur disposition s moyens infaillibles de conjurer le mal. « Voyez-vous, am'selle, moi, n'y a que ça pour me remettre d'aplomb. »

Incapables de répondre, mesdemoiselles Fenouillard suivent d'un œil vague les préparatifs médicaux de Mathurin et de Gobinet (dit Vent-debout). « Voyez-vous, mam'selle, conte Mathurin, c'est du vrai velours ! Ça et une bonne pipe, y a rien de tel pour vous ravigoter un homme, et subséquemment des jeunesses comme duquel vous resplendissez. »

Gobinet (dit Vent-debout) prodigue ses conseils à mesdemoiselles Fenouillard : « Voyez-vous ! leur dit-il, pour que ça se sente un peu, faut boire d'un seul coup. » Ces demoiselles, pleines de confiance dans la science de Gobinet s'exécutent. Artémise commence à sentir un incendie intérieur qui la fait loucher. La crise de M. Fenouillard devient aiguë.

Il est à présumer que le remède Mathurin-Gobinet est aussi ompt qu'énergique. Mesdemoiselles Fenouillard se précipitent s le bordage avec la rapidité de l'éclair et la violence d'un tort dévastateur : dans leur course folle, elles brisent la boule qui contenait le fil-en-quatre, au grand désappointement Mathurin et de Gobinet. — « V'la ousque conduit la galanic française », conclut mélancoliquement Mathurin.

O merveilleuse efficacité du fil-en-quatre ! Aidé par les molles ondulations du roulis et du tangage, il baigne en tous sens les parois stomacales de ces demoiselles, les lave, les lubréfie et finit par provoquer ces mouvements involontaires chez l'homme, mais naturels chez le bœuf, le chameau, et autres ruminants. Encouragés par l'exemple, Monsieur et madame Fenouillard se livrent aux mêmes exercices que ces demoiselles.

Brisés, nos amis tombent en léthargie. Le docteur Guy Mauve, médecin du bord, en profite pour ajouter un 72e chapitre à son mémoire sur le sommeil des animaux hibernants. Dans ce chapitre, il prouve : 1° que la léthargie peut être assimilée au sommeil hivernal ; 2° que M. Fenouillard dort à la façon des ours, madame à l'instar des marmottes et mesdemoiselles comme des loirs.

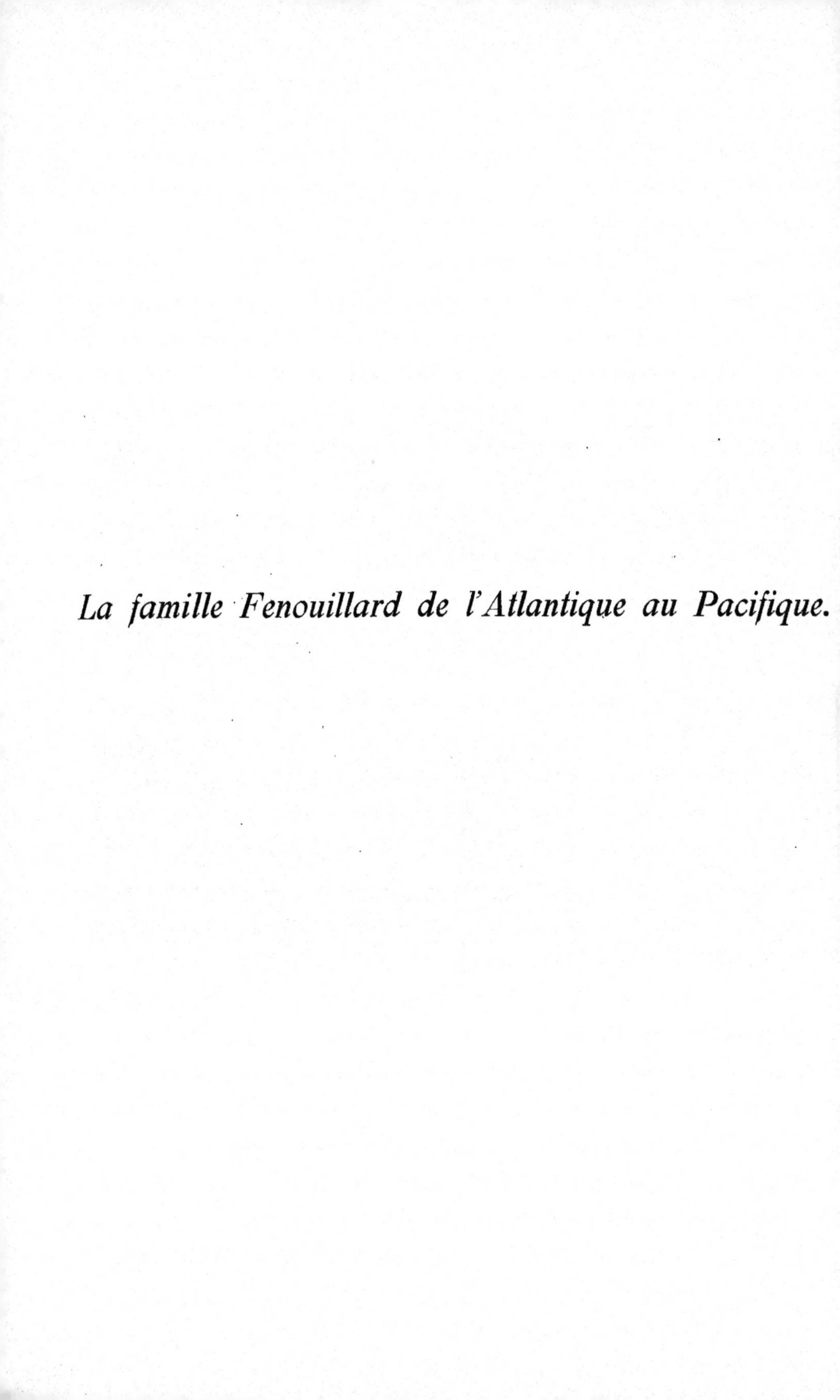

La famille Fenouillard de l'Atlantique au Pacifique.

Au pays de la Liberté.

onsieur et madame Fenouillard débarquent à New-York un état déplorable. (Nous renonçons à représenter mesdeselles Artémise et Cunégonde autrement que par un symbole.) endant M. Fenouillard se console en pensant : 1° Que lui qui a le moins maigri ; 2° que, n'ayant rien mangé dant la traversée, on a consenti à ne lui faire payer que la ié de la nourriture qu'il n'a pas prise ; 3° qu'il foule la classique de la liberté.

Quinze jours de soins éclairés et d'une nourriture saine et abondante ont remis la famille dans son état normal. Première sortie des Fenouillard qui sont stupéfaits de voir : 1° Que les Américains ne sont pas tous millionnaires ; 2° que les maisons sont de pierres et de briques ; 3° que pour allécher les clients les marchands vous disent : « Prenez, c'est un article français ! » Cela flatte le patriotisme de M. Fenouillard et lui fait regretter de s'être mis à la mode du pays.

L'âpre vent de la désillusion a passé sur la tête de M. Fenouillard. Il éprouve les angoisses du doute : « Madame Fenouillard, s'écrie-t-il, est-ce que les Américains seraient des gens comme tout le monde ? » Puis, après réflexion, il ajoute en frappant du pied la terre : « Eh ! qu'importe ? Cela n'empêche pas ce sol d'être la terre classique de la liberté. Mais qu'est-ce que cette troupe ? »

st simplement une élection qui se prépare. Les partisans ndidat Blagson parcourent les rues en manifestant leurs rences. M. Fenouillard a cru pouvoir se borner au rôle d'observateur. Il est entouré par une foule hurlante dont mique expressive l'engage à prendre un rôle plus actif. — ah pour Blagson ! hurle M. Fenouillard, qui commence à des doutes sur la liberté de la rue.

Mais une autre troupe débouche par la 174e rue. Ceux du premier rang ont entendu le hourrah de M. Fenouillard. L'un d'eux s'approche et avec une exquise politesse. — Aoh ! vos avez crié hurrah pour Blagson. — Aoh ! yes, répond M. Fenouillard. Puis il ajoute d'un air aimable : et je me ferai un véritable plaisir de recommencer si cela peut vous être agréable. Quoiqu' étranger, je saurai me plier...

— No ! no ! Blagson été iounе scélérate et inconvenabel beaucoup ! criez pour Fumisty, sinon... — Messieurs, reprend M. Fenouillard, vous avez des arguments tout à fait triomphants. Je vois que ma bonne foi avait été surprise, vous avez fait tomber le voile qui obscurcissait mon jugement et c'est avec enthousiasme que je crie : Hurrah ! Hip ! Hip ! Trente-six fois hurrah pour Fumisty !

Simple discussion politique.

Malheureusement un retardataire de la colonne Blagson a entendu. Il juge bon d'exprimer à M. Fenouillard des doutes sur la puissance de ses convictions et la fermeté de ses opinions, puis il conclut en l'engageant vivement à se prononcer pour Blagson, sinon... Et dire, pense M. Fenouillard, que je foule le sol classique de la liberté! Que serait-ce si je ne le foulais pas!

Mais un retardataire de la bande Fumisty s'approche et affirme à M. Fenouillard que s'il écoute le Blagsonien, lui le Fumistien l'en fera repentir. M. Fenouillard ironique: « Ma foi, messieurs, commencez par vous mettre d'accord et je crierai après tout ce que vous voudrez. » La famille approuve cette parole pleine de sens, qu'elle trouve en même temps fort spirituelle.

Tel n'est probablement pas l'avis des deux électeurs; car il se précipitent sur M. Fenouillard avec une simultanéité dign d'éloges. Instinctivement M. Fenouillard s'est baissé. Madam Fenouillard admire la manœuvre stratégique et qu'elle croi volontaire, de son époux. Quant à Mesdemoiselles Artémise e Cunégonde, elles « la trouvent bien bonne » et leurs figure s'éclairent d'un fin sourire.

Puis oubliant Fenouillard et sa famille, les deux citoyens cherchent à se convaincre mutuellement de l'excellence de leurs opinions. Les arguments qu'ils emploient dans ce but sont tout ce qu'il y a de plus frappant. M. Fenouillard commence à croire qu'il était inutile de venir de si loin pour voir ça.

Suite de la discussion. Les bandes Blagson et Fumisty accourent à la rescousse et viennent apporter à leurs champions des arguments nouveaux. La famille Fenouillard disparaît dans la tourmente en pleurant la perte de sa dernière illusion concernant la terre classique de la liberté.

La discussion a été vive. Les arguments jonchent le sol, et au bout de deux heures, sur le champ de bataille couvert de débris, on voit apparaître la milice municipale qui accourt sans se presser pour séparer les combattants. Comme dit M. Fenouillard, point n'est besoin d'aller si loin pour voir ça.

Études de mœurs.

M. Fenouillard se retrouvera. Réfugié dans la boutique d'un ...cier, il s'est fait d'un tonneau un « bouclier sous le feuillage ...quel il a pu braver la tempête populaire ». N'entendant plus ... bruit, il se hasarde à sortir la tête : « Bobonne ! susurre ... Fenouillard. — Mon ami, répond madame en risquant un ... hors du panier dont elle s'est fait une retraite sûre. — ...bonne ! resusurre M. Fenouillard, où sont nos filles ? — ...eur, je l'ignore. »

A l'instar de l'animal que les savants nomment autruche, ces demoiselles, réfugiées dans le sous-sol, tentent de se soustraire à tous les regards. Artémise, que la peur a rendue ingénieuse, a élu domicile dans le poêle de l'épicier. Quant à Cunégonde, elle se dissimule dans une marmite dont elle s'est fait un casque. Entendant du bruit, ces demoiselles croient le moment venu de manifester leurs opinions. — Vive Blagson ! glapit Artémise. — Hurrah pour Fumisty ! vocifère Cunégonde.

Devenues un peu négresses grâce à leur ingéniosité, ces demoiselles gloussent pour ne pas en perdre l'habitude pendant que leur père monologue : « Ah ! c'est ça la terre classique de la liberté ! Eh bien ! terre classique, je te méprise. Je secoue sur toi la poussière de mes souliers et je prends le premier train pour n'importe où ! » Ainsi parle M. Fenouillard, tandis que son épouse, au comble de la colère, affecte un de ces calmes dont on dit qu'ils sont précurseurs des orages.

...ais dans sa hâte, M. Fenouillard, qui a pris la tête, s'égare ... des rues désertes et obscures où il fait des rencontres ...évues. A chaque incident, ces demoiselles terrifiées ne man...nt pas de réaffirmer leurs opinions. — Vive Fumisty ! crie ...mise. Hurrah pour Blagson ! gémit Cunégonde. On voit que ...pinions de mesdemoiselles Fenouillard manquent de fixité.

Enfin la famille atteint une gare et monte dans un train qui les emporte vers une destination inconnue. M. Fenouillard, plus calme, fait remarquer à ses filles un couloir qui règne d'un bout à l'autre du train. — « C'est très ingénieux dit-il, c'est un promenoir et on peut s'y promener. » Madame Fenouillard affecte une indifférence complète pour ce que dit son époux.

M. Fenouillard, qui professe cette opinion qu'il faut toujours joindre l'exemple au précepte, entraîne ses filles dans le promenoir. Madame Fenouillard, figée à sa place par son calme précurseur, voit avec stupéfaction un individu s'installer à la place de son époux qu'elle cherche de l'œil tout en affectant un profond mépris pour un pareil sans-gêne.

Où il est question de Bolivar.

Dans leur promenade, les Fenouillard causent une certaine émotion. Ces demoiselles éveillent la sympathie de quelques représentants de la race nègre, qui se demandent si ce ne seraient pas là des échantillons d'une race disparue, intermédiaire entre leur propre race et une autre encore intermédiaire. M. Fenouillard veille. Si le père d'Hélène en avait fait autant, Troie existerait encore.

Fort heureusement, on trouve tout ce qu'on désire dans les wagons américains. Aussi ces demoiselles peuvent-elles se récurer comme il convient, sous l'œil vigilant de leur père qui regarde par celui de bœuf pratiqué dans la porte. M. Fenouillard, qui n'a plus que du dédain pour la libre Amérique, sent son enthousiasme renaître quand il songe à l'ingéniosité américaine.

Continuant sa promenade, M. Fenouillard sent son enth
siasme grandir à l'aspect d'un cabinet de lecture dans leque
lecteurs prennent toutes sortes de positions commodes ou
tinguées. M. Fenouillard fait même cette remarque que
postures sont hygiéniques, et il se propose de mettre en
tique cette excellente coutume, quoi qu'en puisse pe
madame Fenouillard, femme imbue des préjugés d'un autre

Dans le cours de sa promenade, M. Fenouillard rencontre un marchand de chapeaux et admire l'ingéniosité américaine, qui va jusqu'à prévoir l'imprévoyance des voyageurs. — Combien le chapeau? — Cinq dollars. — Mais c'est horriblement cher et il est troué. — Eh, c'est le chapeau de Bolivar lui-même! — Alors, c'est différent, dit M. Fenouillard; il paye et se couvre le chef du chapeau de Bolivar.

— Papa, qu'est-ce que c'est que Bolivar? M. Fenouillard, qui l'ignore, répond : « Voyons, mes filles, formez le cercle!... Aem! Bolivar, c'était un homme... fort remarquable qui... a inventé les chapeaux; » puis, habilement, pour détourner la conversation, il ajoute: « Quelle admirable chose que ce promenoir! » Quand on est fatigué de se promener, on regagne son compartiment et...

... on va s'asseoir à sa place... Monsieur! que faites-vous
— Aôh, je pemené moâ! — Eh bien, monsieur, allez vous
mener ailleurs. — Je été très bien, very beaucôp! — Une
— Nô! — Deux fois. — Nô, nô! — Trois fois. — Nô! nô!!
Ces demoiselles frémissent, en voyant vibrer dans la mai
leur père le parapluie des ancêtres.

Le bison a mauvais caractère.

— Une dernière fois, vous ne voulez pas partir ? — Nô ! — h! bien, monsieur, c'est moi qui m'en vais! » Et noblement. I. Fenouillard abandonne l'intrus à ses remords. — Mes filles. t M. Fenouillard, j'ai vaincu mon courroux, je suis maître de oi comme de l'univers. — Oui, papa, disent ces demoiselles. ladame Fenouillard, outrée, réaffecte un calme précurseur.

On sait que de temps à autre les bisons, qui peuplent les savanes de l'Amérique, jugent bon d'émigrer dans le but évident de se dégourdir les jarrets et de vexer les populations. La locomotive ayant rencontré une armée de ces quadrupèdes, le mécanicien arrête son véhicule, en vertu de ce principe fenouillardesque : ce qu'on ne peut empêcher, il faut le subir.

— Monsieur, pourriez-vous me dire pourquoi nous ne marchons plus? — Aôh, yes! c'était le bison qui passe. — Mais, je croyais, monsieur, que l'ingéniosité américaine avait armé la locomotive d'une sorte d'éperon appelé chasse-buffle. — Aôh, very well! mais je disé à vô que c'était le bison qui passe et pas le buffle! — Ah! ah! je... l'ignorais.

M. Fenouillard éprouve le besoin de verser ses impressions ns le sein de ses filles. — Peuh! si ça ne fait pas pitié; un in! une locomotive, se laisser arrêter par un vulgaire troupeau de bœufs! Ah! oui, parlons-en de l'ingéniosité américaine! » M. Fenouillard hausse les épaules d'un air de commisération suprême.

M. Fenouillard soutient et affirme qu'on pourrait passer. Contredit par quelqu'un, il s'échauffe et il parie que lui, Fenouillard, se charge de dompter à lui tout seul, un de ces animaux prétendus farouches, qui ne sont après tout que de vulgaires vaches à barbe.

Il est à présumer que la parole et les gestes de M. Fenouillard font sur le bison une impression peu favorable, car, lancé d'un coup de tête à de vertigineuses hauteurs, M. Fenouillard commence à éprouver un certain respect pour les vaches à barbe.

Nouvelle coiffure, nouvelles péripéties.

M. Fenouillard a été lancé obliquement. Aussi, tombe-t-il sur le toit du wagon, à la grande stupéfaction de sa famille qui se demande avec anxiété ce qu'il est devenu. Mentalement, M. Fenouillard se félicite de son sort. Car, dit-il, supposons que je sois retombé par terre, cette bête stupide ou une autre me recevait sur ses cornes.

Enfin, madame Fenouillard ayant aperçu un pied de son époux, le mystère s'explique. Partagée entre sa colère et son devoir, madame Fenouillard reste un moment perplexe. Enfin le devoir l'emporte et, pour conserver un père à ses filles, elle tente un sauvetage difficile. Mesdemoiselles Artémise et Cunégonde suivent avec un vif intérêt les détails de l'opération.

Se sentant entraîné par une force qui lui semble considéra[ble] et dont il ne se rend pas un compte exact, M. Fenouillard, p[lein] de peur, se cramponne à tout ce qu'il rencontre. Croyant to[u]jours avoir affaire aux bisons, il se répand en injures et en vo[ci]férations: « Créatures stupides, crie M. Fenouillard, bêtes do[u]blement cornues, allez-vous me lâcher ou je me fâche! »

« Ah! je suis une bête stupide! dit madame Fenouillard au comble de l'exaspération. Tiens! Tiens! » et à chaque « tiens » l'excellente dame exerce une traction violente qui finit par avoir raison du point d'appui: M. Fenouillard, son parapluie et le point d'appui font alors leur entrée au sein de leur famille, ce qui cause un écroulement général.

Madame Fenouillard, après s'être demandé si elle ferait une scène ou garderait un calme méprisant, se décide pour le calme méprisant, tandis que M. Fenouillard, ahuri par tant d'événements successifs, éprouve les premiers symptômes de l'aliénation mentale. Ces demoiselles tentent de repêcher le chapeau de Bolivar.

Un double cri d'agonie a réveillé M. Fenouillard de sa tor[peur] et tiré madame Fenouillard de son calme méprisant. U[n] frisson passe sur leur épiderme et ils assistent impuissants à l[a] disparition simultanée de mesdemoiselles Artémise et Cunégond[e] entraînées par une force mystérieuse, mais qui semble irrésis[tible].

La famille Fenouillard chez les Sioux.

Agénor Fenouillard dit le « Bison-qui-grogne ».

Monsieur et madame Fenouillard se sont précipités, trop tard, hélas ! et, au moment où ils se penchent pour découvrir ce que sont devenus les deux plus beaux fleurons de leur couronne (expression de M. Fenouillard), la même force mystérieuse, puissante et instantanée, les entraîne. Les deux époux disparaissent en poussant, comme leurs filles, un double cri d'angoisse.

Ce sont les Indiens Sioux qui chassaient le bison et qui, trouvant un train en détresse, ont imaginé d'en faire le pillage, histoire de s'offrir une petite distraction. Il faut bien s'amuser de temps en temps. Voyant alors successivement quatre personnages s'offrir à leurs coups, ils n'ont eu garde de manquer cette occasion et ils ont pris au lasso, comme de simples bisons, tous les membres de la famille.

Mais comme tout Américain qui se respecte porte toujou sur lui un revolver, les voyageurs prouvent aux Sioux qu'ils r sont pas disposés à se laisser faire. — Cependant M. Fenouillar use d'un moyen de locomotion qui, bien qu'à lui inconnu, n lui en semble pas moins rapide. Ses bretelles étant cassées, a quelques inquiétudes sur le sort de son pantalon.

On a donné à M. Fenouillard une autre culotte, puis on l'a introduit dans la cabane du grand conseil. « Hough ! dit le Serpent-Noir, demain, mon frère, le « Bison-qui-grogne » (c'est M. Fenouillard), nous montrera au poteau de la torture si les visages pâles sont des hommes ou des squaws. J'ai dit. »

Un interprète a traduit à M. Fenouillard « le Bison-qui-grogne » le discours du grand chef. M. Fenouillard, qui jusque-là n'avait pas cru à l'existence des Sioux, se trouve cruellement désabusé : aussi, ne voulant pas avoir l'air d'une squaw (femme), M. Fenouillard, laissé seul, s'exerce-t-il à supporter des tortures savamment graduées. Il se compare mentalement à Régulus, Mucius Scævola et Porcon de la Barbinais, et il se comparerait à bien d'autres personnages, s'il en connaissait.

La « Dinde-qui-glousse ».

Laissons M. Fenouillard se livrer à ses exercices intimes dans silence du cabinet et retournons à ces demoiselles qui, …sées par leur ravisseur au pied de l'arbre de la médecine, …ouvent le besoin de glousser pour bien marquer quel est leur contentement. Les petits Sioux, qui ne pleurent jamais, ne …prennent rien aux harmonieuses modulations qu'exécutent … demoiselles.

« Un ours! » Artémise, toujours pleine d'astuce, imagine de fuir la bête fauve en pénétrant jusqu'au cœur de l'arbre, tandis que Cunégonde, folle de terreur, exécute des prodiges de gymnastique. Or cet ours est tout bonnement le médecin de la tribu qui, voulant rendre visite aux étrangers, a revêtu son costume de cérémonie. Il doit avoir une piètre idée de l'urbanité française.

« Heugh! » dit le Serpent-Noir, qu'on aille chercher une squaw pour enfumer ma jeune sœur des visages pâles, la « Dinde-qui-glousse ». La squaw réquisitionnée est donc venue, et, accroupie au pied de l'arbre, s'est mise à attiser un feu de bois vert. Les Peaux-Rouges impassibles la regardent faire : la femme est à leurs yeux une créature inférieure qui doit travailler pour les hommes, fils directs du Grand-Esprit.

…ette figure, dans laquelle on a supposé l'arbre coupé en long, …our but : 1° de nous montrer le moyen employé par Artémise …r ne pas être enfumée ; 2° de nous apprendre que dans une …minée la fumée monte de bas en haut, à moins qu'elle ne …escende de haut en bas ; 3° de nous instruire en botanique, … elle nous prouve que quand les arbres sont creux, c'est …airement à l'intérieur.

Et comme l'arbre est creux d'un bout à l'autre, il ne faut pas s'étonner si beaucoup de bêtes, fuyant la fumée, sortent par l'orifice supérieure. Quant à Cunégonde, incapable d'aller plus loin, elle continue à rester suspendue entre ciel et terre, ce qui est peut-être un excellent exercice pour développer le biceps et les grands pectoraux, mais doit, à la longue, être monotone.

Un coup de fusil a mis fin aux angoisses de Cunégonde, en coupant la branche qui servait de support à cette aimable jeune fille. Un Peau-Rouge, grimpé sur l'arbre, descend Artémise avec des précautions infinies. — Vive Fumisty ! crie Cunégonde en tombant. — Vive Blagson ! répond aussitôt Artémise, laquelle ignorant quelles sont les opinions politiques des Sioux, pense avec Machiavel qu'il est bon de ménager la chèvre et le chou.

Ces demoiselles dansent un pas de caractère.

Avec tous les égards dus à son mérite, M. Fenouillard est amené au poteau de la torture. « Sac à papier, s'écrie-t-il, quel gaillard ! Si cet Indien était en France, il y ferait fortune à ficeler des cervelas ! » puis, mélancoliquement, il ajoute : « J'ai oublié de me préparer à ce genre de torture. »

A l'autre bout du campement on fait comprendre par une mimique expressive à la « Dinde-qui-glousse » et à la « Puce-qui-renifle » que l'aimable société serait heureuse de savoir comment dansent les jeunes filles des visages pâles. Aussitôt ces demoiselles se livrent à une série d'improvisations savantes.

Dûment ficelé, M. Fenouillard assiste de loin aux exercic chorégraphiques de ses demoiselles. C'est là sa première tortu (toute morale). « Mais, s'écrie-t-il, j'ai donc donné le jour deux monstres sans entrailles ! Les voilà qui dansent deva mon cadavre ! » M. Fenouillard anticipait.

Pendant ce temps, madame Fenouillard est gardée à vue par un sympathique jeune homme aussi dépourvu d'éducation que de pardessus. « On ne fume pas devant les dames, môssieu, » dit madame Fenouillard, qui sait quels égards les jeunes gens bien élevés doivent avoir pour les dames. — « Heugh ! que dit ma mère la « Limace-qui-éternue » ?

Madame Fenouillard ayant repris son calme précurseur, solennel et méprisant, le jeune homme sympathique trouve que la conversation manque d'intérêt et imagine un moyen simple et pratique de concilier son plaisir, qui est de voir torturer le « Bison-qui-grogne », avec son devoir, qui est de surveiller étroitement la « Limace-qui-éternue ».

Telle est la deuxième torture morale de M. Fenouillar Pour tout époux digne de ce nom, il est en effet vexant de vo son épouse conduite en laisse comme un caniche par un ind vidu sans éducation ; « il est vrai, pense M. Fenouillard, qu'el a souvent voulu m'en faire autant. » Et cette pensée atténu sa torture.

Au poteau de torture.

Troisième torture. Instruits par mesdemoiselles Artémise et négonde, les Sioux entreprennent de narguer leur victime exécutant devant lui ce qu'ils croient être la danse nationale son pays. Mais M. Fenouillard, qui ne comprend pas l'ironie ère que renferment ces contorsions, reste calme, digne et lque peu sarcastique. M. Fenouillard monte aussitôt de it coudées dans l'estime des Peaux-Rouges. A quoi tiennent endant les réputations!

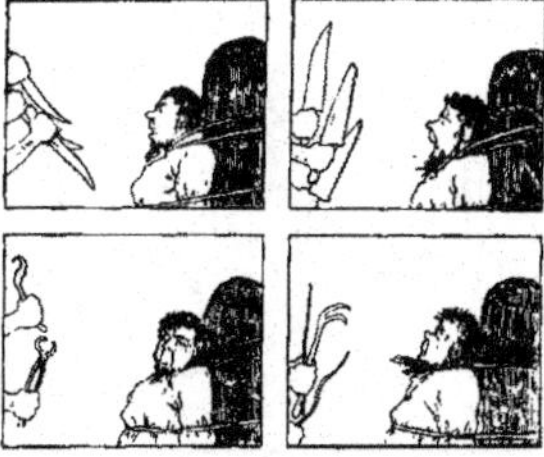

Quatrième torture. Ayant monté de cent coudées dans l'estime des Sioux, M. Fenouillard est jugé digne de la grande torture à laquelle on prélude en faisant défiler devant lui les couteaux qui doivent le scalper, les tenailles qui lui arracheront les chairs, les pointes rougies au feu qui, introduites sous les ongles, lui procureront d'ineffables jouissances. Le patient exprime par sa physionomie qu'il ne s'est point préparé à ce genre de torture. On ne pense pas à tout.

Cinquième torture. Des jeunes gens très astucieux et possédant à un haut degré l'esprit d'initiative, imaginent d'exercer leur adresse en lançant avec vigueur leur tomahawk de façon à le planter dans le poteau, le plus près possible de M. Fenouillard. Celui-ci trouve que, sans doute, c'est là un excellent exercice pour la jeunesse et qu'il avait vu avec un vif intérêt exécuter à la foire de Saint-Remy ; mais peut-être préférerait-il ne pas servir de cible.

ixième torture. Alors un grand escogriffe s'avance et avec fer de flèche s'amuse à tatouer sur le noble front de M. Feuillard un hameçon indélébile, tandis qu'un autre naturel non ins grand et tout aussi escogriffe trouve récréatif d'allumer feu de bois sous les pieds de notre pauvre ami, dans l'intenn de lui éviter à l'avenir cors, durillons et engelures.

Mais, tout à coup, deux coups de feu éclatent à la lisière de la forêt prochaine et les deux escogriffes roulent à terre; puis un escadron de la milice à cheval s'élance comme une trombe; les cavaliers sabrent à droite, pointent à gauche, fendent les crânes, trouent les poitrines, tandis que mesdemoiselles Fenouillard, reconnaissant l'uniforme, éprouvent le besoin de manifester leurs opinions en criant alternativement : « Vive Blagson ! » et « hurrah ! pour Fumisty ! » M. Fenouillard est obligé de convenir qu'aux États-Unis la milice arrive quelquefois à temps.

(*Voir à l'*APPENDICE ET PIÈCES JUSTIFICATIVES, *comment M. Fenouillard explique sa délivrance*).

Troisième exploit du parapluie des ancêtres.

A peine délivré, M. Fenouillard ramasse quelque armes sur le champ de bataille et, suivi de sa famille, il se dérobe par une prompte fuite aux hasards des combats. Ils pénètrent dans la profondeur mystérieuse des grands bois où M. Fenouillard donne à ses filles des conseils pleins d'à propos : « Formez le carré, mes filles, dit-il, comme la phalange macédonienne à la bataille du... de la... du granite. »

— Papa, j'ai peur des bêtes. — Mes filles, j'ai lu dans des livres très savants, qu'il n'y avait plus de bêtes fauves dans les forêts de l'Amérique; donc n'ayez pas peur! Ainsi devisant, la famille arrive dans une région où les arbres, plus serrés, font éprouver à M. Fenouillard de brusques arrêts, et M. Fenouillard ne tarde pas à être isolé dans la profondeur mystérieuse des forêts.

Procédant alors par analogie, résumant par induction, puis par déduction, M. Fenouillard en arrive à conclure que s'il a été retardé dans sa marche, c'est qu'il existe une cause retardatrice.

Remontant ensuite des e[…] aux causes, M. Fenouil[…] découvre la cause retardat[…] et la met tout bonnement [...] son bras, après quoi il tent[…] rejoindre la phalange mac[…]nienne.

Cherchant la phalange, M. Fenouillard trouve un magnifique boa. Cela lui cause une certaine émotion, mais lui permet de remarquer que le prétendu dard du serpent n'est autre que sa langue.

S'étant noblement retourné pour prendre courageusement la fuite, M. Fenouillard se trouve en face à face avec un ours, ce qui lui permet de constater que ces animaux ont l'haleine forte.

On voit que les grands voyageurs profitent des moindres circonstances pour faire des observations d'une haute portée scientifique. Tombé, selon sa propre expression, de Charybde boa en Scylla ours, M. Fenouillard ouvre instantanément son parapluie rouge pour mourir à l'ombre de cet alpaga antique qui protégea tant de générations de Fenouillard. Tel Jules César se couvrant de sa toge lorsqu'il tomba sous le poignard des assassins.

Mais le boa et l'ours qui n'ont jamais eu de rapports av[…] des êtres d'une civilisation aussi raffinée que M. Fenouilla[…] jugent prudent de disparaître à l'aspect du parapluie rouge, qu'[…] supposent être un engin nuisible aux reptiles ophidiens et a[…] carnivores plantigrades. Alors, dans la solitude des grands bo[…] M. Fenouillard improvise un cavalier seul triomphal e[…] M. Fenouillard disparaît subitement.

Chez le trappeur « Œil-de-Lynx ».

Il parait qu'en Amérique les trappeurs creusent des fosses au lieu desquelles ils plantent un piquet pointu, et qu'ils recouvent soigneusement de branchages et de gazon. Toute bête un a lourde qui marche sur les branchages tombe dans la fosse s'empale généralement sur le piquet. Or, M. Fenouillard n'est une bête, mais il est lourd et c'est sur une fosse qu'il a usé son pas triomphal. Il n'a empalé que sa culotte.

Jusqu'alors M. Fenouillard avait trouvé le système des fosses très ingénieux. Il serait possible que son opinion se fût légèrement modifiée. Le plafond troué de la fosse livre passage à toutes sortes de bêtes. M. Fenouillard éprouve quelque gêne à accomplir l'acte de la respiration et il ne peut verser ses doléances que dans le sein d'une grenouille-bœuf tout aussi surprise que lui et non moins vexée.

Ce n'est qu'après être restée 24 heures dans cette situation critique que le pauvre M. Fenouillard fut découvert par le trappeur Œil-de-Lynx qui venait visiter ses trappes. Le trappeur canadien parle très bien français : — N'êtes-vous pas M. Fenouillard ? — *M. Fenouillard:* Heugh ! Blagson a fait manger Funisty par une grenouille-bœuf qui avait fait sauter un bison sur l'impériale du chemin de fer...

— *Le trappeur:* Si vous êtes M. Fenouillard, je vous annonce j'ai recueilli votre femme et vos enfants dans ma cabane. *Fenouillard:* — Heugh... les Sioux... empalés... le cavalier mphal du bon. » Et M. Fenouillard exténué s'affale au pied sycomore et se livre à un sommeil réparateur. Il y reçoit isite de quelques maringoins attirés sans doute par la vue nneton indélébile.

Aussi, lorsqu'après quelques heures d'un sommeil réparateur M. Fenouillard, arrière-garde de la phalange macédonienne, retrouve l'avant-garde, celle-ci refuse-t-elle énergiquement de reconnaître son capitaine. — Mais bobonne, voyons, je suis ton Agénor ! — Vous ! répond l'excellente dame indignée, vous êtes un monstre et je n'ai point épousé un monstre ! Je ne vous connais pas !

Tristement, M. Fenouillard, la tête enveloppée de compresses, s'isole dans un coin de la cabane. Il voit son épouse prendre une attitude pleine de défiance. Il entend Artémise dire à sa mère : — Est-ce que vous croyez qu'il est méchant, le monstre ? — Peut-être qu'il lance du venin ! appuie Cunégonde. Il croit sa famille sourde à la voix du sang et est navré dans son cœur. Pauvre, pauvre M. Fenouillard !

Nouvelle transformation de M. Fenouillard.

Les baumes et remèdes du trappeur sont miraculeux. Aussi, lorsque le lendemain, M. Fenouillard ayant enlevé ses compresses, réapparaît avec ses grâces et avantages naturels, il est immédiatement reconnu par sa famille. Œil-de-Lynx en est tout attendri et regrette d'être célibataire.

M. Fenouillard songe à réparer le désordre de sa toilette. A cet effet, homme ingénieux, il se fait un mur de la vie privée au moyen d'une couverture: il engage, pendant ce temps, ses filles à compter les poutres du plafond. Quant à Œil-de-Lynx, il songe aux moyens à employer pour ne plus rester célibataire.

M. Fenouillard, vêtu en trappeur et sortant de derrière son mur de la vie privée, se voit apostrophé avec véhémence par madame Fenouillard qui lui déclare que la loi salique n'ayant pas cours en Amérique, elle reprend les rênes. Les idées d'Œil-de-Lynx, concernant le célibat, passent par une phase nouvelle.

Madame Fenouillard avise un planisphère échoué on ne sait comment chez Œil-de-Lynx. « J'en ai assez de la mer, dit madame Fenouillard, je prétends rentrer chez moi à pied sec, par les glaces du détroit de Behring. » Œil-de-Lynx, qui ne sait pas lire, admire l'érudition de madame Fenouillard.

M. Fenouillard (qui dans sa jeunesse a failli avoir un quatorzième accessit de géographie) ayant voulu faire des observations: « N'oubliez pas, Mossieu, que je vous impose le silence le plus absolu, s'écrie madame Fenouillard ». Œil-de-Lynx se félicite d'être resté célibataire.

Humilié, M. Fenouillard tente d'acheter, à prix d'or, le silence du trappeur. Il lui offre 50 centimes. Œil-de-Lynx, qui ne saurait quoi faire de 50 centimes au milieu de ses bois, refuse, et M. Fenouillard admire le désintéressement d'Œil-de-Lynx.

En route pour le détroit de Behring.

Simples relations de voyages.

On les vit dévorer l'espace sur un coursier indompté. M. Fenouillard, relégué à l'arrière par madame Fenouillard, profite de l'occasion pour affirmer à ses filles, après M. de Buffon, que le cheval est la plus noble conquête de l'homme. Ces demoiselles manifestent par leur attitude qu'elles ne sont pas convaincues de la conquête.

On vit M. Fenouillard, condamné aux galères par son épouse, faire voguer sa famille sur l'onde azurée des grands lacs et des rivières, dans un canot fait de peaux de bêtes. Ce genre de locomotion plaît infiniment à mesdemoiselles Artémise et Cunégonde, dont la figure et l'attitude expriment un état voisin de la béatitude.

Tout serait pour le mieux si, en Amérique, les rivi[…] n'avaient pas des rapides agrémentés de roches à fleur d'eau qui compromet la stabilité de l'appareil, le métacentre ay[…] alors, chose déplorable, une tendance à se placer au-dessous [du] centre de gravité. Comme M. Fenouillard ne manquerait pa[s de] l'expliquer à ses filles s'il le savait.

On les vit plus au nord, au milieu des frimas, en panne, dans un traineau à voile, grâce à un calme aussi subit que plat, et malgré les efforts désespérés de M. Fenouillard, qui tente par un ingénieux moyen de suppléer à l'insuffisance du vent.

On les vit fendre l'air dans un traineau attelé de chiens; malheureusement la famille tombe sur un attelage qui est venu au Jardin d'acclimatation, et y a puisé des principes d'insubordination jusqu'alors inconnus dans ces régions hyperboréennes.

On affirme même les avoir vus, toujours plus au nord, utili[sant] un moyen nouveau et fort original de locomotion. Mais quoiq[ue] nous devions tout attendre de l'ingéniosité de M. Fenouilla[rd] et de sa famille, nous n'osons garantir l'authenticité du fait.

Le Salut au drapeau.

Ils atteignent enfin les glaces du détroit de Behring! adame Fenouillard déclare aussitôt en prendre possession au om de la municipalité de Saint-Remy-sur-Deule, et plante r un tas de neige l'étendard de ses ancêtres.

M. Fenouillard salue le drapeau de 101 coups de canon, comme c'est l'usage. — (*Nota.* — N'ayant qu'un pistolet et peu de poudre, M. Fenouillard ne fait qu'une décharge effective: les cent autres restent intentionnelles).

La balle ayant atteint dans l'œil une ourse blanche qui prenait le frais dans le voisinage, accompagnée de ses deux héritiers, M. Fenouillard se trouve avoir bien involontairement fait deux orphelins.

nue et toujours irritée, madame Fenouillard interpelle son x: « Tigre altéré de sang! que vont devenir ces deux ocents privés de l'aile maternelle? — Nous les prenons sous tre! » déclarent ces demoiselles.

Mais le salut au drapeau ayant ébranlé l'atmosphère, il se produit de tous côtés des craquements sinistres, et les pauvres Fenouillard constatent avec une stupeur mêlée d'angoisse que le champ de glace se disjoint…

Et qu'ils sont devenus le jouet des flots qui les entraînent vers des régions inconnues, hyperboréennes ou tropicales. Toute la famille tombe dans un amer découragement suivi d'un morne désespoir.

Au seuil de l'éternité.

Le 1er jour, pendant que le chef réel de l'expédition explore l'horizon, M. Fenouillard trompe la faim en expliquant, avec figures à l'appui, la situation à ses filles: « Songez, mes filles, que nous sommes des atomes jetés dans le gouffre sans fond de l'infini ! ! ! »

Le 2me jour, la faim devenant plus vive, les atomes de l'infini n'hésitent pas à dévorer le nourrisson d'Artémise. Cunégonde pousse l'ironie jusqu'au sarcasme en offrant une côtelette à sa sœur. La colère d'Artémise ne connaît plus de bornes !

Or, comme l'a dit judicieusement un auteur célèbre : « quand la borne est franchie il n'est plus de limites ! » La figure ci-dessus étant assez claire par elle-même, nous jugeons inutile de donner de plus amples explications.

« Triste retour, hélas ! des choses d'ici-bas, » comme l'a dit un autre auteur: le 3me jour on dévore le nourrisson de Cunégonde, ce qui semble ne lui causer qu'une satisfaction modérée, mais verse un baume sur le cœur ulcéré d'Artémise.

Où il est prouvé que quand l'équilibre d'un glaçon menace d'être troublé par une cause plus ou moins accidentelle, les atomes qui l'habitent font bien d'être crochus. La famille Fenouillard éprouve un moment d'indicible angoisse.

Le 5me jour, affamés et ayant perdu tout espoir, les atomes se pardonnent leurs torts réciproques. Madame Fenouillard abdique la souveraineté et tout le monde se réconcilie sur le seuil de l'éternité. Pauvres, pauvres amis !!

Serait-ce eux ?

Convaincus que nos amis Fenouillard servaient de pâture aux poissons du Pacifique, nous songions à leur élever un mausolée de marbre et d'or. Mais voici que nous recevons de Yeddo, par le pantélégraphe Caselli (qui permet, comme chacun sait, d'expédier les dessins les plus compliqués), nous recevons, dis-je, une dépêche et des portraits dont nous donnons le fac-similé. Voici la traduction de l'écriture qui se trouve dans le cartouche de gauche: « Honorable monsieur, Une famille étrange erre depuis trois jours à Yeddo, et intrigue fortement la population. Elle porte d'antiques costumes passés de mode depuis longtemps. Le peuple japonais, né malin, a surnommé ces personnages: 1° M. *Pontifical* (à cause de son allure solennelle); 2° Madame *Douceur* (elle a toujours l'air furieux); 3° et 4° Mesdemoiselles *Oie* et *Canard* (à cause de leur démarche gracieuse). Les connaîtriez-vous? » — Un vague espoir fait palpiter nos cœurs... serait-ce eux ?

Comment les Fenouillard sont arrivés au Japon.

Un paquebot allant de San Francisco en Chine, avec escale Japon, rencontre une glace flottante par 142° 25′ 4″ de gitude Est et 44° 21′ 59″ de latitude Nord ; sur cette glace point sombre ! Les passagers s'en posent des masses (de ots) qui sont d'interrogation et échafaudent les hypothèses les conjectures.

Mais bientôt, le glaçon s'approchant dans la direction du navire, les points d'interrogation se changent en points d'exclamation lorsque, dans le champ des lunettes, la masse sombre se résout en quatre personnes naturelles, qui ne sont autres que nos amis plongés dans un profond évanouissement. Le radeau de glace semble plus étroit.

« Bâbord, la barre, toute ! » crie le commandant, et le navire s'étant approché suffisamment du glaçon, nos amis se trouvent en un clin d'œil ficelés comme des saucisses, hissés comme des futailles et déposés comme des turbots sur le pont du navire ! Les marins manient les colis avec une habileté et une délicatesse vraiment bien remarquables.

médecin du bord, qui se trouve être précisément le même r Guy Mauve, déjà nommé, profite de l'occasion pour r un 144ᵉ chapitre à son grand mémoire sur les animaux bernants. Ce chapitre est intitulé : « Des causes occasion- ou efficientes de l'hibernation chez les Esquimaux. »

La cause actuelle étant évidemment une disette compliquée d'émotions diverses, le docteur Guy Mauve a une idée géniale : c'est de combattre allopathiquement la disette chez M. Fenouillard et d'appliquer à ces dames, pour combattre les émotions, le procédé homéopathique consistant à ne leur donner que des quantités infinitésimales de nourriture.

Les deux méthodes ayant parfaitement réussi, nos amis commencent par ouvrir un œil, puis l'autre, puis enfin donnent des signes manifestes de revivescence. « Je n'en puis croire mon œil ! » dit M. Fenouillard, qui n'a pas encore ouvert le second. Mais la mémoire ne leur est pas encore revenue et ils cherchent en vain à comprendre ce qui leur est arrivé.

Japonais de contrebande.

A peine débarqué, M. Fenouillard (qui ne transige jamais avec ses principes, sauf quand il n'en tient pas compte) se rend chez le figaro de l'endroit pour se faire accommoder à la japonaise. De leur côté, ces dames sont à la recherche d'une maison qui soit au coin du quai.

M. Fenouillard, modifié selon ses désirs, ayant rejoint sa famille, juge opportun de donner quelques conseils sur la façon dont on doit se tenir pour avoir l'air tout à fait japonais et par cela même en imposer « à ces peuplades sauvages et... peu civilisées. »

Madame Fenouillard, ironique, fait tout haut cette remar que pour appartenir à des « peuplades sauvages » voilà gens qui semblent singulièrement civilisés. — Maman a rais disent ces demoiselles. Quant à M. Fenouillard, il est quel peu interloqué.

Cependant, à la vue de quelques indigènes encore plus japonais que lui et entrant dans une maison gardée par un soldat de paravent, M. Fenouillard retrouve son assurance. — Quand je vous le disais ! s'écrie-t-il. — Papa a raison ! reprend le chœur, dont les opinions manquent décidément de fixité.

Tout à coup, au son d'une musique guerrière, se mettent à défiler des militaires vêtus à l'européenne. Ils pénètrent dans la maison susdite. Madame redevient ironique. — Maman a raison ! glousse le chœur. — L'intelligence de Monsieur commence à vaciller.

Mais voilà qu'à leur tour pénètrent dans la maison de nommée, des gens idéalement japonais. Alors, madame ces d'être ironique. Le chœur stupéfait demeure muet et M. F nouillard n'éprouve aucune honte à se déclarer à lui-même qu n'y comprend plus rien.

Une audience du Mikado.

Dans le but évident de comprendre, nos amis suivent la foule [...]nètrent dans une grande salle... Dans le fond, un rideau. [...]'pa! P'pa! s'écrient ces demoiselles, on va jouer la comédie! [...]ine! » Vivement choquée de cette expression peu acadé[...]que, madame Fenouillard ébauche un geste d'horreur.

Le rideau s'ouvre... Immobile et solennel, le Mikado s'offre à l'admiration de ses peuples. « C'est ça leurs acteurs! dit M. Fenouillard, mais il ne bouge pas! » Puis impatienté, il lance au milieu du silence cette phrase fort en usage à Saint-Remy-sur-Deule: « Descends donc de ton estrade, eh! feignant! »

« Eh! Messieurs, doucement, crie en se débattant M. Fenouillard, vivement appréhendé au collet... C'était une simple plaisanterie! un trait d'esprit! comme j'en fais souvent... à Saint-Remy... Vous pouvez y aller voir... Aïe! pas si fort, Messieurs les gendarmes, vous m'étranglez! »

[...]mené au violon de l'endroit, M. Fenouillard met le temps [...]it pour faire quelques observations pleines d'à-propos: [...] singulier, se dit-il, comme ces peuplades, que je croyais [...]es, sont au courant des procédés en usage dans les [...] les plus civilisées! »

Seul avec lui-même, ce qui n'est pas très récréatif, M. Fenouillard monologue: « Ce que c'est cependant! nous aurions été à Saint-Remy, que tout le monde se serait tordu, à commencer par le commissaire. Comme les habitudes changent avec les latitudes... Tiens! A propos de Latude, si j'essayais...

A ce moment la porte s'ouvre et un officier du taïkoun vient apprendre à notre pauvre ami que « pour crime de lèse-majesté », il est condamné au harakiri, opération qui consiste à s'ouvrir le ventre avec un rasoir. Le hanneton indélébile en devient phosphorescent. Il y a de quoi!

Latude Fenouillard ou 35 heures de captivité.

Le supplice ne devant avoir lieu que le lendemain, M. Fenouillard envisage la situation avec calme et arrive à cette conviction que l'exercice engendre l'habitude, qui est une seconde nature. C'est pourquoi il s'exerce à se perforer l'abdomen avec des instruments variés.

Tandis que le factionnaire qui veille à la porte de M. Fenouillard s'endort dans une sécurité funeste, de sinistres personnages ourdissent contre lui de ténébreux projets. « Mes filles, dit madame Fenouillard, avec une énergie communicative, enivrons cet homme. »

Alors, Artémise et Cunégonde s'avancent et par de fall cieuses paroles engagent le soldat à oublier ses devoirs. « Bra militaire! à la vôtre! dit Artémise. — A la tienne, Étienne! cont nue la facétieuse Cunégonde. » Cependant, madame Fenouilla suit avec anxiété l'exécution de ses plans ténébreux.

Tel, comme dit Merlin, cuide engeigner autrui qui souvent s'engeigne soi-même. » C'est pourquoi mesdemoiselles Fenouillard éprouvent le besoin de s'asseoir et d'échanger quelques idées vagues, pendant que madame leur mère tente de délivrer avec effraction le dernier des Fenouillard.

Heureusement qu'au Japon les murs manquent d'épaisseur. Aussi M. Fenouillard n'est-il pas peu surpris d'être interrompu dans ses exercices préparatoires par une voix haletante: « Agénor! c'est moi, ton épouse, ta Léocadie! » Tiens! s'écrie le condamné, je comprends donc le japonais, maintenant!

Et la pâle Hécate (la lune pour ceux qui n'ont pas les notior suffisantes de mythologie), qui se levait alors dans le sombr azur, put voir se glisser dans la nuit quatre ombres noires dor deux complètement grises, nobles victimes de la piété filia et de l'abus des liqueurs fortes.

Une imprudence d'Artémise.

, ces demoiselles ayant le vin gai, et jugeant le moment de se distraire en imitant le cri de quelques animaux, un de la force publique leur fait remarquer fort judicieuse- qu'il est l'heure de dormir et non de braire. Artémise ite pas à effectuer une rotation de 180° pour exprimer en ück à l'agent, sa manière de voir.

L'agent, qui comprend admirablement le volapück, surtout quand il se borne à une mimique expressive, prend sa course à la poursuite d'Artémise. Il est bientôt rejoint par un second agent, puis par un troisième qui lui emboîtent le pas avec conviction et sympathie.

Puis par un quatrième, un cinquième, un sixième agent, enfin par toute la police du quartier qui, avec un zèle louable, s'empresse de suivre le mouvement. M. Fenouillard, qui croit qu'on le poursuit pour le réintégrer dans sa prison, et qui, décidément, ne se sent pas de vocation pour le harakiri...

tale avec vélocité, prestesse et distinction. Réveillés dans remier sommeil, les bourgeois (tant l'exemple est conta- , suivent la foule, dans l'intention bien naturelle d'avoir nseignements précis sur la cause de cette émotion popu- et nocturne.

Et la blonde Séléné (toujours la lune, pour les mêmes personnes que ci-devant), put, du haut du sombre azur, assister à un étrange spectacle : en effet, nos amis n'avaient pas fait 500 mètres, qu'ils avaient à leurs trousses une meute hurlante de 23 644 individus (sans compter les femmes et les petits enfants), sur lesquels 23 643 ignoraient totalement ce qu'ils faisaient là, le 23 644e l'ayant lui-même complètement oublié.

Quelques victimes du devoir.

Acculé au quai et ne se sentant décidément pas de vocation pour le harakiri, M. Fenouillard s'empresse de piquer dans l'onde amère une tête héroïque et savante.

« La femme doit suivre son mari partout où il lui plaira d'habiter. » M. Fenouillard ayant provisoirement élu domicile dans l'onde amère, madame le suit.

« Les jeunes filles bien élevées ne doivent, sous aucun prétexte, quitter leurs parents, » selon le précepte de la civilité puérile et honnête.

Les agents de police, au Japon, sont esclaves de leur devoir. Aussi, avec un remarquable esprit de discipline, n'hésitent-ils pas à quitter l'élément solide pour continuer leur poursuite dans l'élément liquide.

Et les 23 644 personnes (sans compter les femmes et les petits enfants) persistent à emboîter le pas à la police, dans l'espoir d'apprendre enfin pourquoi elles courent à l'heure où les honnêtes gens dorment.

C'est pourquoi, le lendemain, lorsque l'aurore aux doigts de rose ouvrit à l'ardent Phébus (c'est le Soleil; explication nécessaire aux personnes peu fortes en mythologie, déjà nommées), ouvrit, dis-je, à l'ardent Phébus les portes d'or de l'Orient, les nautoniers repêchèrent (en comptant les femmes et les petits enfants) 44 623 cadavres 1/2, car il y avait un cul-de-jatte!

Chez les Papous.

M. Fenouillard déjà chef de famille le devient de cuisine.

Or, en revenant à la surface, M. Fenouillard se trouve dans le voisinage d'un canot anglais regagnant son bord. M. Fenouillard saisit l'occasion par les cheveux et le canot par son gouvernail, donnant ainsi au monde une nouvelle preuve de son sang-froid bien connu et de sa présence d'esprit devenue légendaire.

Conduit en présence du capitaine Asdrubal Mac Haron, M. Fenouillard cherche une phrase qui soit de circonstance : « Commodore, dit M. Fenouillard avec à-propos, je viens comme Thémistocle et Napoléon m'asseoir au foyer de la perfide Albion ! » Ces dames admirent l'érudition de M. Fenouillard et implorent de l'œil le capitaine Asdrubal.

« Aôh ! dit le commandant Asdrubal Mac Haron, le bat[eau] il été le *Old Erin* et nô le perfide Albion. Tout de même maitre coq il été devenu mort, vous pouvez asseoir vous foyer de loui ! » C'est ainsi que M. Fenouillard devint cuisin[ier] madame Fenouillard relaveuse et ces demoiselles marmite[s] à bord du *Old Erin*, capitaine Asdrubal Mac Haron.

Malheureusement, les connaissances culinaires de M. Fenouillard ne sont pas à la hauteur de sa bonne volonté. C'est ce qui explique pourquoi le commandant Asdrubal Mac Haron éprouve un certain malaise et le besoin de manifester son mécontentement.

Accusé de tentative d'empoisonnement sur la personne d'Asdrubal Mac Haron, M. Fenouillard a le choix entre : être pendu haut et court à la vergue du grand cacatois ou abandonné avec sa famille sur la plage inhospitalière d'une île déserte.

M. Fenouillard ayant observé qu'il aimerait mieux ni l'un, [ni] l'autre, on lui fait remarquer qu'il sort de l'hypothèse. Alors [il] choisit la plage inhospitalière.

Or, cette île déserte se trouve être peuplée de beaucoup [de] sauvages.

Le « pas du Tournebroche ».

Conduits sous bonne escorte au village de la peuplade, nos
nis assistent de loin à quelques préparatifs, que M. Fenouil-
rd n'hésite pas à qualifier de culinaires « Je m'y connais ! »
-il ; puis il ajoute : « Enfin nous allons donc pouvoir nous
ettre quelque chose sous la dent ! ces sauvages sont vrai-
ent de bien excellentes personnes ! »

« Et comme ils sont méthodiques et intelligents ! poursuit M. Fenouillard. Évidemment ils vont nous partager la nourriture proportionnellement à notre poids ! Sinon, je ne m'expliquerais pas très bien le but de cette opération. » Pauvre M. Fenouillard qui ne voit pas que ce n'est là que le prologue d'un drame.... mais n'anticipons pas !

Les Papous s'étant mis alors à exécuter une danse de caractère connue dans le pays sous le nom de « pas du tournebroche », M. Fenouillard s'imagine qu'on lui donne la comédie. « Décidément ces jeunes gens sont d'une amabilité et d'une distinction parfaites, » dit-il. « Je parie que pendant notre repas, nous aurons la musique de la garde républicaine. »

Mais, hélas ! la vie n'est qu'un tissu de désillusions. La danse
ninée, deux aimables jeunes gens s'approchent et avec une
uise politesse, essayent, par quelques signes fort intelligibles,
ne pour un esprit non prévenu, de faire comprendre à
nsieur et madame Fenouillard dont le poids a été reconnu suf-
t, quelles sont les intentions de la peuplade à leur égard

Madame Fenouillard, qui est très intelligente, a compris et croit devoir s'évanouir. Par esprit d'imitation, ces demoiselles s'évanouissent aussi, au grand étonnement des jeunes gens non moins aimables que distingués. Il n'est pas certain que mesdemoiselles Fenouillard aient compris ; depuis quelque temps leur intelligence semble comme obscurcie.

Quant à M. Fenouillard, qui craint d'avoir compris, il juge que le moment est venu de se découvrir pour adresser au ciel une dernière et solennelle prière. Il enlève donc le béret immaculé, insigne de ses dernières fonctions et emblème de son âme pure ; puis levant au ciel des yeux humides de larmes...

Agénor Ier, roi des Papous.

Or, d'après une antique prophétie des Papous, un homme blanc, marqué d'un signe au front, devait un jour sortir de la mer pour faire le bonheur du peuple. C'est pourquoi, à la vue du front de M. Fenouillard, les Papous se prosternent avec ferveur devant le hanneton indélébile.

Puis M. Fenouillard, l'élu du Grand Esprit, est triomphalement porté avec respect et sa famille jusqu'à la case royale, au milieu d'un grand concours de peuple, dont les acclamations enthousiastes le proclament Grand-Ghi-Ghi-Bat-i-Foi des Papous, sous le nom d'Agénor Ier.

Alors un délégué s'avance et, avec toutes les marques du pl profond respect, tente de faire comprendre au nouveau roi qu doit, de toute nécessité, se laisser accommoder à la mode du jou Agénor Ier, qui n'a pas compris, demande quelques instants méditation.

Ensuite, deux délégués fort éloquents entreprennent de prouver par des arguments décisifs à Agénor Ier qu'il a tout intérêt à adopter le costume national...

M. Fenouillard (sous le nom d'Agénor Ier) se décide, et ne tarde pas à apparaître en grand uniforme aux yeux éblouis de ses peuples.

Puis, pour fêter dignement l'avènement du nouveau monarque, il y eut de solennelles réjouissances — « que le peuple célébra avec un calme digne des plus grands éloges, en donnant l'exemple d'une tempérance rare en pareille circonstance » (Extrait du *Journal officiel* des Papous, Agénor Ier étant roi).

(*Voir à l'*APPENDICE ET PIÈCES JUSTIFICATIVES *la Constitution infligée au peuple Papou par Agénor Ier*.)

M. Fenouillard commet un calembour.

…uis on immole quelques victimes. La dernière est un prisonnier dans lequel M. Fenouillard (sous le nom provisoire d'Agénor Ier) reconnaît le docteur Guy Mauve, une vieille connaissance. — M. Fenouillard grand, noble, généreux, le couvre immédiatement de son sceptre et de sa protection.

Pleins de déférences pour les ordres de l'illustrissime monarque qui tient d'une main si ferme les rênes du gouvernail de la locomotive de leur État, les hauts dignitaires se font un plaisir de conduire eux-mêmes, avec toutes sortes d'égards, le docteur Guy Mauve dans la case royale.

Là, le docteur Guy Mauve, qui est naturellement observateur, s'aperçoit, avec une surprise mêlée d'intime satisfaction, qu'il se trouve en présence de physionomies à lui connues et que ces physionomies semblent être, comme d'habitude, dans un état de léthargie avancée.

…ssitôt le docteur se met en devoir d'ajouter à son grand …ire un 14e appendice intitulé : « Des voyages immenses …euvent entreprendre et parachever à l'état de sommeil les …ux dits hibernants ». Appendice où il formule de nou… cette opinion, déjà par lui émise, que ces dames dorment …açon du loir.

« Et vous savez si le loir est cher ! » murmure sentencieusement une voix à son oreille. C'est Agénor Ier, qui, fatigué des cérémonies auxquelles on le soumet, a tenté de se soustraire à l'anglaise à l'admiration de ses peuples et à leurs hommages et qui, usant de ses prérogatives royales, s'est permis de lire pardessus l'épaule du docteur.

Agénor Ier, intimement ravi d'avoir tant d'esprit, ayant légèrement souri de cet excellent calembour, le peuple, qui ignore la cause du contentement du grand Ghi-Ghi-Bat-i-Fol, s'empresse néanmoins de se tordre. C'est ainsi que les choses se passent en Papouasie.

Extraordinaire conséquence d'un calembour.

Le rire étant éminemment contagieux gagne les Micronésiens qui deviennent aussitôt tire-bouchonoïdes. (Dessin dû à l'habile crayon de mademoiselle Artémise Fenouillard, princesse du sang.)

La contagion atteignant les Polynésiens eux-mêmes, ceux-ci éclatent de rire. (Dessin communiqué par mademoiselle Cunégonde Fenouillard, autre princesse du sang.)

Par esprit d'imitation les volcans du Pacifique entrent eu mêmes en éruption. (Dessin fait d'imagination par l'auteur q n'est ni prince ni princesse du sang.)

Ce qui détermine un violent tremblement de terre. (Ce dessin a été exécuté par un de nos plus grands artistes — c'est l'auteur — d'après un instantané communiqué par M. Fenouillard qui affirme avoir, dans ces circonstances, conservé tout son sang-froid.)

Lequel tremblement produit deux effets principaux : 1er effet : il réveille ces dames de leur léthargie. 2e effet : il n'en produit aucun sur le docteur qui se contente d'écrire en note : Traitement nouveau des léthargiques : déterminer un violent tremblement de terre.

Le tremblement de terre produit encore un effet secondai et accessoire. Persuadés que ce cataclysme est l'indice de colère des dieux contre leur grand Ghi-ghi-Bat-i-Foi, le Papous s'empressent de leur sacrifier quelques victimes expi toires.

Nota-Bene. — Ces renseignements nous ayant été donnés par M. Fenouillard lui-même, nous croyons qu'il y a lieu de ne pas ajouter entièrement foi aux causes qui, selon lui, ont provoqué sa déchéance. Ces causes nou paraissent par trop invraisemblables. Il doit y avoir autre chose.

Dernière heure. — Nous recevons de Melbourne la dépêche suivante : « Agénor Ier détrôné pour actes arbitraires et despotiques : a voulu mettre un impôt sur bretelles, faux-cols et sous-pieds, afin de doter ses filles. » — Nous avions donc raison de douter.

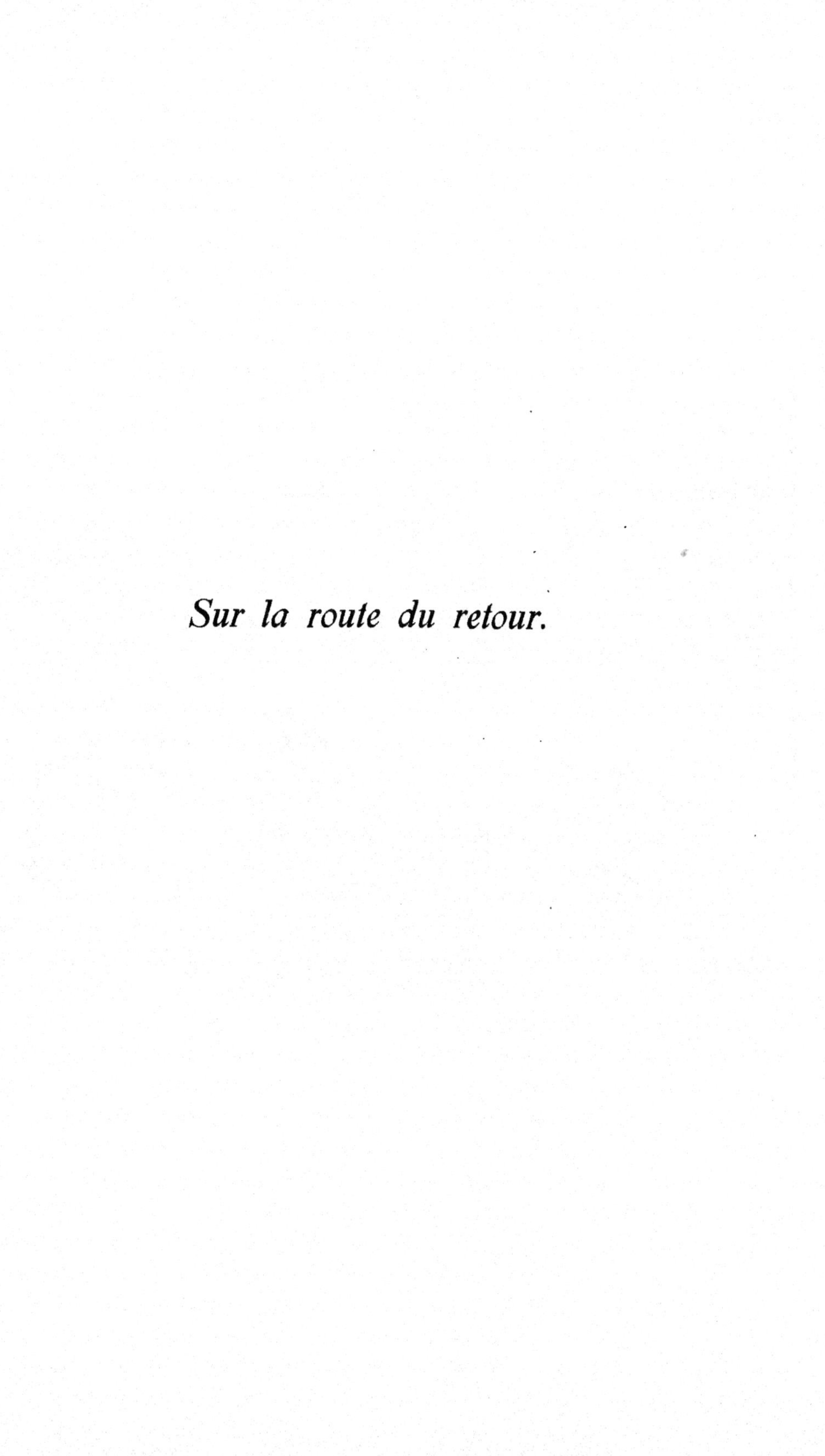

Sur la route du retour.

Où il est question du principe d'Archimède.

Heureusement, les Papous, hommes ignorants et stupides, ont enfermé nos amis dans des sacs goudronnés et, par suite, parfaitement étanches. Le docteur explique à ses compagnons qu'ils flottent parce que, comme l'a dit Archimède, ils réalisent les conditions des corps flottants. M. Fenouillard réussit à dégager un bras, puis sa famille.

Ensuite, toujours ingénieux, M. Fenouillard déploie sa grande voile et pousse devant lui le docteur et madame Fenouillard, qui fait des efforts désespérés pour aveugler une voie d'eau survenue dans sa cale. Grâce à leurs chapeaux, ces demoiselles prennent le vent toutes seules et voguent de conserve comme deux cuirassés d'escadre.

Or, un navire français se rendant aux Indes, ayant ape de loin des corps flottants, les matelots, persuadés que ce s des marsouins, demandent et obtiennent l'autorisation de distraire un brin. A l'approche du canot, l'un des marsou qui s'est écarté de la bande se met aussitôt à pousser des cris paon.

Habilement harponné et délicatement amené à bord, ce marsouin, qui pousse des cris de paon, est aussitôt reconnu pour mademoiselle Cunégonde en personne naturelle et qui, par miracle, n'a aucune avarie dans ses œuvres vives, le harpon n'ayant fait que traverser le sac. La situation n'en est pas moins humiliante pour une princesse du sang.

Les matelots, âmes tendres et pitoyables, ayant conjecturé que les autres marsouins pourraient bien être de la même famille, les repêchent au moment où madame Fenouillard, n'ayant pas réussi à aveugler sa voie d'eau, commence à couler par la hanche de tribord. Le docteur a le vague espoir que l'émotion va faire évanouir ces dames, ce qui lui permettra de continuer ses observations.

Débarqués à Pondichéry, nos voyageurs trouvent un aimab compatriote, M. Finot de Saint-Joyeux, qui, quoique aux Inde leur offre fort gracieusement une hospitalité écossaise. L docteur commence à désespérer de voir ces dames s'évanoui et cette pensée amère répand sur sa figure une teinte d mélancolie.

Un pistolet qui part et un moyen qui rate.

M. Fenouillard constate avec stupeur que, malgré des lavages térés et méthodiques, son nez reste noir. Cela tient à la osité naturelle à cet organe, qui absorbe les liquides avec plus grande facilité. Voyez les ivrognes!

Cependant le docteur emploie des moyens déloyaux pour tenter de provoquer chez ces dames un évanouissement qui lui permette de continuer son grand mémoire sur les animaux hibernants. Le pistolet part bien, mais c'est le moyen qui rate.

Profitant de l'hospitalité écossaise de son compatriote, M. Fenouillard se procure les émotions encore inconnues d'une chasse au tigre dans les jungles. Fidèle à ses principes, M. Fenouillard a adopté le costume hindou.

'ependant ces demoiselles, qui aiment les grosses bêtes, ayent d'entrer en conversation avec un éléphant domestique, ès peu sociable.

Quant au docteur, il poursuit ses ténébreuses machinations en faisant emplète de quelques objets terrifiants destinés à obtenir l'évanouissement nécessaire à l'achèvement de son mémoire.

Mais il n'est si bonne chose qui ne prenne fin. Décidés à revenir par terre, nos amis traversent l'Himalaya où ils éprouvent un commencement de congélation. Le docteur renaît à l'espérance.

Champollion Fenouillard découvre les caractères cunégondiformes.

On les vit s'avancer avec assurance et délicatesse sur les pentes abruptes du versant nord de l'Himalaya. Le docteur espère que la rapidité de la descente provoquera chez ses « sujets » un sommeil léthargique. Disons tout de suite que son attente devait être déçue.

On les vit, sur un chameau rapide, traverser les déserts de l'Asie centrale. M. Fenouillard observe que le trot du chameau produit sur lui le même effet que le roulis. Il en conclut que c'est probablement pour cela que ce quadrupède est surnommé « le vaisseau du désert ». Le docteur renaît à l'espérance.

On les vit sur les ruines de Suze, chercher à déchiffrer qu ques inscriptions. Ils n'y parviennent pas. Mais M. Fenouill fait une découverte : « C'est là probablement, dit-il, ce que savants appellent des caractères cunégondiformes. »

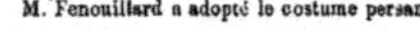

M. Fenouillard a adopté le costume persan.

On les vit, à Antioche, chercher à étudier les mœurs de ces peuplades exotiques et pénétrer dans la synagogue, d'où on les expulse, parce qu'ils ont, en ôtant leurs chapeaux, manqué aux règles de la politesse la plus élémentaire. — « O temples, O mœurs ! » s'écrie M. Fenouillard qui connaît ses auteurs.

On les vit, à Beyrouth, continuer leurs études ethnographiques, en pénétrant dans une mosquée, d'où on les prie poliment de sortir, parce qu'ils ont, en gardant leurs souliers, manqué aux règles de la politesse la plus élémentaire.

M. Fenouillard a naturellement adopté le costume turc.

On les vit, à Damas, chercher le fameux chemin dont o parle tant et que si peu de gens découvrent. C'est là qu M. Fenouillard constate pour la première fois que ses filles on singulièrement grandi, en même temps que leurs robes faisaien précisément le contraire.

Apothéose du parapluie des ancêtres.

)n les vit, graves et mélancoliques, rechercher sur les bords Nil la trace des civilisations disparues. Ils n'y trouvent que 'éroces reptiles à la dent desquels ces demoiselles n'échappent par miracle. Le docteur, plein d'espoir, se prépare à ajouter appendice.

On les vit planter le drapeau des Fenouillard sur le sommet de la grande pyramide et chercher les quarante siècles qui doivent s'y trouver. Ils ne découvrent que des reptiles non féroces qui n'échappent que par miracle à la dent de ces demoiselles affamées.

On les vit au Caire, fatigués, chercher le Divan pour s'y asseoir ; on les vit affaissés à Alexandrie, éreintés à Tripoli. On vit enfin nos pauvres Fenouillard pleurer sur les ruines de Carthage et le docteur sur celles probables de ses espérances.

n les vit à Séville danser le fandango sous la haute direc- du professeur Guy Mauve. M. Fenouillard (qui a adopté le ome espagnol) émet quelques vagues sons pour accompagner anse.

On les vit... en tant d'endroits qu'on désespérait de les revoir à Saint-Remy-sur-Deule, et que le conseil municipal songeait sérieusement à leur faire élever, par souscription nationale, un cénotaphe de marbre et d'or.

Quand un beau matin, M. le Maire, qui était en train de se raser, reçut une dépêche ainsi conçue : « Arrivons ! Fenouillard. » Dépêche qu'avec un louable empressement il porta à la mairie, afin de la faire tambouriner à son de trompe.

Où l'on entend parler le cœur de ces demoiselles.

Cependant, nos amis, remis à neuf, filaient à toute vapeur vers Saint-Remy, tandis que le docteur songeait mélancoliquement au moyen de parachever son grand mémoire. Tout à coup, il se souvient que lui-même est né à Saint-Remy-sur-Deule.

Aussitôt, réveillant M. Fenouillard, il lui dit : « Monsieur, j'ai deux neveux charmants à Saint-Remy. Je vous demande pour eux vos filles en mariage ! » Puis il ajoute *in petto* : « de cette façon, j'aurais toujours mes sujets sous la main. »

A peine débarqué, M. Fenouillard est reçu sur le quai p M. le Maire qui, en quelques mots, lui souhaite la bienvenu Ces demoiselles prennent un air timide et embarrassé, comme convient à des jeunes filles bien élevées et qui ont vu le mond

Dans la salle d'attente, magnifiquement décorée, le docteur présente ses deux neveux, MM. Anatole et Polydore, sur lesquels ces demoiselles font une vive impression. Ces demoiselles ont un air timide, mais non plus embarrassé.

Dans le vestibule, M. Fenouillard consulte ses filles (qui n'ont plus l'air ni timide ni embarrassé) sur la proposition du docteur : « Oh ! s'écrient-elles ensemble et avec élan, je sens qu'il est l'élu de mon cœur ! » Madame Fenouillard, attendrie, verse aussitôt d'abondantes larmes.

Cette petite affaire terminée, M. Fenouillard s'adresse a Maire et lui dit : « Maintenant, M. le Maire, je suis tout à vous. Allons, mes gendres ! en route ! » Madame Fenouillard persist dans son attendrissement et le docteur se réjouit du triomph de sa diplomatie.

(*Voir à l'*APPENDICE ET PIÈCES JUSTIFICATIVES *une vue cavalière de Saint-Remy-sur-Deule* (*Somme-Inférieure*).

Retour triomphal.

Quelques retardataires. — Le garde champêtre formant la haie. — L'Espoir de Saint-Remy (*A suivre*). — Quelques toutous. — La mu-

(*Sens dans lequel on doit lire.*)

L'U. V. S. R. (*Union vélocipédique de Saint-Remy*). — Les sapeurs-pompiers. (Le corps étant naturellement altéré, les autres sont restés en route.) — ..sique jouant la Fenouillardaise. (*Pot-pourri*).

(*Lire de droite à gauche.*)

Suite du précédent.

... ciétés fraternelles.

L'Académie somnifère de Saint-Remy.

Le chœur des jeunes filles. (*Musique de Méhul.*)

Le Conseil mu...

(*Lire de gauche à droite.*)

Ceux qui ne font partie d'aucune société.

L'Espoir de Saint-Remy (*Fin*).

Le char des fiancés.

Un pur sang de Saint-Remy.

L'Espoir de Saint-Remy (*Suite.*)

Le landau triomphal. « Vive Fenouillard ! »

(*Lire de droite à gauche.*)

19

Tous ! Tous !!

Heureux et fier, le docteur Guy Mauve s'est établi à Saint-emy-sur-Deule, afin d'avoir toujours un œil sur « ses sujets ». n attendant, il tente de s'y faire une clientèle. Quant à M. Feouillard, comblé d'honneurs,

il a été nommé président du Club alpin de Saint-Remy, ce qui lui permet d'arborer de magnifiques costumes.
(Il se fait photographier).

Président de l'Athénée somnifère, ce qui lui procure l'occasion de placer de ces superbes discours dont il a le secret.
(Il se refait photographier).

Chef de la musique municipale où il joue spécialement les silences et les points d'orgue.
(Il se fait rephotographier).

Président de l'U. V. F. S. R. probament parce que la bicyclette est le l véhicule dont il n'ait jamais usé.
(Il se refait rephotographier).

Capitaine des pompiers (nous n'avons pas pu découvrir les titres qui l'on fait nommer à ce poste).
(Il se rerefait rerephotographier).

Enfin maire de sa com... tiens ! l'auteur s'est trompé : il a mis l'écharpe à Madame. Mais cette erreur étant profondément philosophique, nous la laissons subsister.

Enfin, un jour de printemps, ces demoiselles épousent les élus de leur cœur. Et comme elles auront évidemment beaucoup d'enfants, nous ne disons pas « adieu », mais « au revoir » à l'intéressante famille.

Appendice et Pièces justificatives.

Extrait du cahier de romances de Mlles Fenouillard. *(Page 153.)*

Reproduction d'une pointe sèche

EXÉCUTÉE ET LÉGUÉE AU MUSÉE DE SAINT-REMY-SUR-DEULE PAR M. FENOUILLARD

Vue cavalière de la place du Vieux-Marché, à Saint-Remy-sur-Deule.

Extrait des *Lettres choisies* de M. Fenouillard

CONSERVÉES A LA BIBLIOTHÈQUE DE SAINT-REMY-SUR-DEULE

CLVB ALPIN
de
St Remy s/Deule

Cabinet
du
Président

No

IN ALPINO LAPINOS

St Remy s/D le 18

Mon cher Ami

Tu me demandes de te raconter comment je parvins à me tirer, moi et les miens, de la fournaise dans laquelle, nouveau Daniel, m'avaient précipité les Sioux. Tu sais déjà qu'exténué par ma lutte contre un troupeau de bisons dévastateurs auxquels j'avais tenu tête, je n'avais pu opposer aux nouveaux assaillants toute la résistance dont, dans d'autres circonstances, j'eusse été capable. J'avais donc été attaché au poteau de torture et je m'apprêtais à dire comme Napoléon à Austerlitz « Douleur! tu n'es qu'un mot », lorsque je vis mon épouse, ma Léocadie, conduite en laisse par.... Ah! mon ami, tu ne peux pas savoir, toi, ce que souffre un homme de cœur à la vue de la mère de ses enfants insultée et traînée aux gémonies par une populace effrénée. Je me rappelai, alors, que devant Monsieur le Maire de St Remy, mon honorable prédécesseur, j'avais juré protection à Léocadie comme elle m'avait juré obéissance — N'invoque

A Monsieur Follicheux, fabricant de Mâts de Cocagne pour fêtes publiques, à Lille. —

pas, je te prie, le cas de force majeure. Vercingétorix l'a dit : « Impossible n'est pas français » Avec cette force que donne le sentiment du devoir à accomplir, je me raidis donc dans un effort suprême. Il fallait que mes muscles se brisassent ou que les cordes se rompissent. Ce furent les cordes qui cédèrent !! Je bondis, semblable à un léopard et, comme l'eût fait un lion furieux, j'arrachai d'une main vigoureuse la hache meurtrière fixée au poteau sanglant ! En moins de temps qu'il n'en faut pour l'écrire, 20 crânes éclatèrent comme des noix vides, 20 corps pantelants roulèrent à mes pieds dans les convulsions de la mort. Terrifiée, la tourbe des peaux rouges hésita (Turbis hésitat comme dit Homère) Je poussai alors mon cri de guerre : Montjoie et St Remy ! et m'élançant la hache haute, j'eus bientôt frayé aux miens un chemin sanglant par lequel nous passâmes, calmes et sereins !!

C'est ainsi que nous échappâmes à la dent cruelle de ces bêtes féroces

Adieu, mon cher Ami, la vie calme que je mène ici, depuis mon retour, me tue : à mon tempérament ardent, il faut des émotions fortes

Ton ami pour la vie
Agénor Fenouillard

1er P.S
Il paraît que quand tout danger a été passé, la milice ... Mais nous étions depuis ... hors de danger
Tu vois que comme par... arrive toujours trop tard...

2e P.S Je t'envoie un petit cr... fait mais qui ne te donnera qu'une faible idée ... scène héroïque.

Rougeron Vignerot. Sc.

N. B. — Nous croyons utile d'expliquer les armes du club alpin imaginées par M. Fenouillard. « A l'écu mi-partie aux cinq ré, mi, sur fond de gueule et au lapin au naturel passant en un cercle d'argent sur fond d'azur. » ... cercle d'argent représente le club (ces deux mots étant synonymes) et alpin est l'anagramme de lapin; de là la devise « *in alpino lapinos* » qu'on peut traduire avec plus d'élégance que de fidélité par ces mots : « *Au ...ub alpin, tous lapins!* »

TABLE

IMPRIMERIE S. CAPIOMONT ET Cie

PARIS

6, RUE DES POITEVINS, 6

(Ancien Hôtel de Thou)

CPSIA information can be obtained
at www.ICGtesting.com
Printed in the USA
LVOW13s0855230717
542318LV00002B/46/P

9 782012 185524